客家研究大讲坛丛书 第二辑

- 广东省普通高校人文社会科学省市共建重点研究基地嘉应学院客家研究院出版基金项目
- 梅州市人民政府客家研究学术出版基金项目
- 广东省教育厅人文社会科学规划课题"客家清代古文书研究"成果之一
- 广东省教育厅人文社科重点研究基地项目"文献与田野中的客家妇女研究——以粤闽赣边客家大本营为中心"成果之一
- 梅州市妇女联合会项目"客家妇女研究"成果之一

客家妇女社会与文化

房学嘉　宋德剑　钟晋兰　夏远鸣　冷剑波　著

华南理工大学出版社
SOUTH CHINA UNIVERSITY OF TECHNOLOGY PRESS
·广州·

图书在版编目（CIP）数据

客家妇女社会与文化/房学嘉，宋德剑，钟晋兰等著. —广州：华南理工大学出版社，2012.4
（客家研究大讲坛丛书. 第二辑）
ISBN 978-7-5623-3558-0

Ⅰ.①客… Ⅱ.①房… ②宋… ③钟… Ⅲ.①客家—妇女—社会生活—研究—中国 ②客家—妇女—民族文化—研究—中国 Ⅳ.①K281.1

中国版本图书馆 CIP 数据核字（2011）第 275490 号

总 发 行：华南理工大学出版社
（广州五山华南理工大学 17 号楼，邮编 510640）
营销部电话：020-87113487　22236378　22236185　87111048（传真）
E-mail：scutc13@scut.edu.cn　　http://www.scutpress.com.cn

策划编辑：罗月花
责任编辑：罗月花
技术编辑：杨小丽
印 刷 者：广州市穗彩彩印厂
开　　本：889mm×1194mm　1/32　印张：6.875　字数：212 千
版　　次：2012 年 4 月第 1 版　2012 年 4 月第 1 次印刷
印　　数：1～2 000 册
定　　价：28.00 元

版权所有　盗版必究

客家研究大讲坛丛书·第二辑
编委会

顾　问（以姓氏笔画为序）：

　　马建钊　叶春生　丘小宏　刘志伟

　　何星亮　吴庆洲　陈春声　陈伟明

　　邱国锋　林伦伦　周大鸣　栾　栋

　　麻国庆　黄志繁

主　编：房学嘉

编　委（以姓氏笔画为序）：

　　宋德剑　冷剑波　肖文评　房学嘉

　　周云水　钟晋兰　夏远鸣

总　　序

邱国锋

　　梅州是世界客都，是五千多万客家人的心灵之都，悠久的历史文化在梅州积淀了浓厚的客家人文资源。梅州有丰富的物质文化遗产，如客家围龙屋；也有种类繁多的非物质文化遗产，如客家方言、客家山歌、广东汉乐等。广东第一才子宋湘、与徐悲鸿齐名的林风眠、现代诗的创始人李金发、在国内外引起轰动的数学家丘成桐，都是梅州人。梅州人黄遵宪、丘逢甲写的诗歌，被温家宝总理两次引用。近60年来，梅州出了25位中国科学院与中国工程院院士。客家民俗在梅州，爱国爱乡在梅州，崇文重教也在梅州。

　　嘉应学院客家研究院是广东省普通高校人文社会科学省市共建重点研究基地，自2006年成立以来一直得到梅州市委和市政府的全方位关心支持。嘉应学院有一大批研究客家历史文化的专家与学者，20多年来的积淀形成了一个在学术界颇具影响力的研究团队，成绩斐然。从研究成果看，客家研究院在2008—2009年出版了《客家研究大讲坛丛书》（第一辑）8卷，论证梅州是世界客家文化之都。在此之前，梅州还出版了客家与梅州书系等。一大批研究成果的问世，充盈了"文化梅州"的浓厚内涵。从服务地方看，客家研究院近年来先后承担梅州市"十二五"规划前期研究课题"客家文化（梅州）生态保护实验区相关问题研究"及"客家商人与企业家的社会责任研究"等，承办第二届世界客商大会客商论坛，并于2011年11月促成"客商研究院"的诞生。

　　梅州是重点侨乡之一。梅州三百万客家华侨在海外传播客

邱国锋，嘉应学院院长、教授。

家文化,深深地爱着客家文化,他们是研究客家文化的一个重要力量和资源。数百年来,一代又一代的客家商人漂洋过海,四处开拓,足迹遍布全球,在各行各业中都涌现出具有开拓进取精神和卓越成就的杰出人物。如"南洋开埠先锋"罗芳伯、叶亚来,新加坡"万金油"大王胡文虎,"领带大王"曾宪梓博士,"人造革大王"田家炳先生,等等。广大客家商人闯荡世界,生生不息,卓有建树,铸就了客家商人乃至全球华商网络的灿烂辉煌。

梅州是一个农业大市,是华南乡村社会的典型区域。显然,这样一个典型的中原文化与当地文化相结合起来的区域是关注传统乡村社会与现代农村问题的理想标本。两三百年来,大批到海外的客家人把海外文化带进来,与本土的原生态文化相结合,这样构成的农村与原本的农村意义不一样,烙上了西方文化的印记,许多地方都有西洋与传统风格相结合的建筑。从这个意义上而言,开展梅州客家文化研究,无疑是为我们认识近代中国乡村社会的变迁开启了一个新视角。

党的十七届六中全会通过的《中共中央关于深化文化体制改革 推动社会主义文化大发展大繁荣若干重大问题的决定》,从全局和战略的高度,对完善促进文化改革发展的政策保障机制提出了明确要求。传承创新客家优秀传统文化,是加快建设富庶美丽幸福新梅州的内生动力。

《客家研究大讲坛丛书》(第二辑)8卷所涉内容涵盖了客家传统文化的方方面面,凝聚了海内外诸多学者的智慧和汗水,既标志着嘉应学院的客家研究正在走向另一个新的高度,也预示着更多的学术人才开始投入客家研究,为"文化梅州"的发展提供智力支持。我们期待着嘉应学院客家研究院能够乘势而上,继续出版更多的研究成果,不断挖掘整理客家优秀传统文化元素,丰富"文化梅州"的内涵,为进一步提升梅州的客家文化生产力和竞争力提供智力支持和保障。

是为序!

目 录

第一章 绪论 …………………………………………………（1）
　第一节　客家学研究的历史与现状 ……………………（1）
　第二节　客家历史渊源的基本观点 ……………………（6）
　第三节　客家妇女研究的意义 …………………………（13）

第二章 客家妇女的全息图像 ……………………………（16）
　第一节　客家妇女的服饰 ………………………………（16）
　第二节　外国学者眼中的客家妇女 ……………………（21）
　第三节　勤劳俭朴的客家妇女 …………………………（23）
　第四节　聪慧能干的客家妇女 …………………………（26）
　第五节　贤淑善良的客家妇女 …………………………（28）
　第六节　刚健果敢的客家妇女 …………………………（32）

第三章 客家妇女的生命礼俗 ……………………………（34）
　第一节　诞生仪礼 ………………………………………（34）
　第二节　婚嫁仪礼 ………………………………………（36）
　第三节　脱离仪式 ………………………………………（43）

第四章 客家妇女的婚姻文化 ……………………………（50）
　第一节　客家妇女的婚姻形态 …………………………（50）
　第二节　槟榔与客家婚俗 ………………………………（59）
　第三节　客家妇女婚姻形态个案 ………………………（65）

第五章 客家妇女的生育文化 ……………………………（74）
　第一节　求子习俗 ………………………………………（74）
　第二节　孕期习俗 ………………………………………（76）

  第三节　生育习俗 …………………………………………（78）

第六章　客家妇女与信仰文化 ……………………………（82）
  第一节　客家地区的女神信仰 ……………………………（82）
  第二节　客家地区的天后信仰 ……………………………（94）
  第三节　客家妇女在民间宗教中的角色 ………………（104）
  第四节　近代西方宗教对客家妇女的影响 ……………（108）

第七章　客家妇女与祖先崇拜 …………………………（111）
  第一节　隐性的女性祖先崇拜空间 ……………………（113）
  第二节　宗教神灵中的宗族女神 ………………………（118）
  第三节　客家女性祖灵崇拜的解释 ……………………（125）

第八章　客家妇女的社会地位 …………………………（128）
  第一节　地方文献中的客家妇女 ………………………（128）
  第二节　宗法视野下的客家妇女 ………………………（148）
  第三节　草根文化视野下的客家妇女 …………………（154）

第九章　新旧教育视野下的客家妇女 …………………（159）
  第一节　清末的梅州女子教育 …………………………（159）
  第二节　民国时期的梅州女子教育 ……………………（160）
  第三节　新中国的梅州女子教育 ………………………（165）
  第四节　清末民初的客家女教育家 ……………………（167）
  第五节　梅州的女子体育 ………………………………（171）

第十章　历史脉络中的客家妇女 ………………………（178）
  第一节　历史传说中的客家妇女 ………………………（178）
  第二节　太平天国运动中的客家妇女 …………………（181）

附录　客家情歌选录 ……………………………………（184）

参考文献 …………………………………………………（200）

后记 ………………………………………………………（207）

客家研究大讲坛丛书·第二辑

第一章 绪 论

客家文化可以被视为汉民族多元一体文化格局的一个缩影。客家文化的形成是一个动态的历史过程，它不仅以汉文化为总体背景，而且还在很大程度上吸收了中国古代南方各地的区域文化以及当地文化。汉民族共同体文化的共同性和丰富性以及该共同体内部不同族群文化的地域性和差异性，在客家文化的总体氛围里，都可以或多或少地找到其影子。对这一具有强烈的个性和典型性的族群进行系统研究，不论是对加深对汉民族共同体的认识，还是对丰富民族历史文化发展的层次性和历史纵深感的认识，都具有重大的理论意义和实践价值。

第一节 客家学研究的历史与现状

客家学的研究自 19 世纪末发端以来，罗香林是最早对客家民系作系统研究的奠基人，他于 1933 年发表的《客家研究导论》及后续发表的《客家源流考》、《客家史料汇篇》等论著，至今仍在影响着学术界。罗氏的民族融合论思想，是对客家学研究的最重要的贡献，他反对民族民系所谓"纯粹"的血统论的思想显见于字里行间。他用大量的篇幅、详实的史料所考证的中华民族的形成历史，处处体现文化融合、民族融合的轨迹。例如：

> 汉族乃是混合了无数民族民系的血统而成形的一个住在东亚的民族，她的成形年代，约始于春秋战国的纷争，而完成于秦汉的统一。春秋以前，住在中国内地的民族，复杂至极，就是掌握政权的商周二代，也不是同属一族的人们，其他被此二家统治下的异族，那就更难计数了。

民族民系其血缘的复杂,依吾人客观的态度言之,其本身,实无可疵议;与其说血缘纯粹的民族或民系为足以夸耀,毋宁说血缘复杂的民族或民系为足以激荡其族其系文明的增进;但是,同时亦值得注意相反的事例,任何民族或民系,与其习染其他堕落民族或民系的血缘与恶俗,即毋宁保持自己固有的优性,而使其能为另一方面的发展;所以,血缘与民族民系的文野问题,虽说极有关系,然亦不能遽指她为区别民族民系'孰文孰野'的标识。这是我们应该牢记着的。

各民系的成形或分化,是互为条件的,是比照而始现形的,是多数并立的,不是单一孤生的。南系汉族,自经唐末五季的迁移分居以后,因分居各分子已能互为条件,比照并立,是而各个民系,便亦因是成形,此种分化的经过,酝酿于隋唐,而完成于宋初。吾人根据此种史实,亦得断定客家民系的成形,始于宋代;这是就历史论据推证出来的事例,除此推证以外,我们亦可从客家的语言文化,以求佐证。

盖从史实观察,所谓华人,根本上就没有'纯粹'的血统可言,唐宋以前,所谓北系的汉人,很受匈奴、鲜卑、氐羌诸族的混化,浸假而及于五代,这种混化的事例,仍是有加无减;赵宋以后,如辽,如金,如元,如清,那些北部异族,接二连三侵寇中国,深进了汉族腹地,甚者且曾君临中国,或百年,或数百年,始则挟其武力,强迫汉人为臣属,继则陶醉于汉族的文化,有意无意不知不觉间将其族裔的血统,逐渐混入汉族以内,而汉族亦乐得以其同化的潜力,消弭异族残暴的举动,一方面扩大了汉族的范围,一方面混杂了汉族固有的血统,所以名义上,他们虽说仍是中国北部或中部的,然而实际上却老早已是一种混血的民系了;所谓南系汉族呢,李唐以后,越海一系,多与古代吴人越人的苗裔相混,闽海一系,多

与滨居江海的古越遗民相混,南汉一系,多与南越南蛮的遗民及缅族相混,湘赣一系,亦多与南蛮一族相混,虽说混化的程度,有深有浅,或不如北系汉人的厉害,然其非纯粹的汉族,那是毫无疑问的;至于客家,虽与外族比较少点混化,然此亦只是少点而已,到底与'纯粹'有别。"

最早述及客家源流变革及语言习俗者当推1808年间在广东惠州丰湖书院讲学的徐旭曾,其言后收入《和平徐氏族谱·徐旭曾丰湖杂记》。检视典籍,自徐氏之后,客家研究论著层出不穷,如方言的论著:黄钊的《石窟一征·方言》、温仲和的《嘉应州志·方言》、杨恭桓的《客话本字》、章太炎的《新方言附岭外三州语》、罗蔼其的《客方言》等;历史文化的论著:古直的《客人对》、《客人三先生诗选》、《客人骈文选》,赖际熙的《崇正同人系谱》等,尤以罗香林于1933年出版的《客家研究导论》影响最大。

这一时期的研究实践,学界视野在地域上除注重粤东外,已涉及福建、广西、四川、江西等客家居住地。并出版了不少有关广东地区客家民俗、歌谣、传说的书。值得注意的是,在华的外国传教士对客家历史文化的研究也有不少的建树。罗香林在《客家研究导论》一书中有较为详细的介绍,不赘述。

1949至1980年间,客家研究在我国内地基本上处于停滞的状态,只有在极少数的语言学著作中偶尔提到客家方言。如1956年王力出版的《汉语音韵学》即有"客家话"一节。

20世纪80年代以来,随着改革开放的不断深入,我国学术界也异常活跃,客家问题再次引起国内外众多学者的重视,成立了一批研究机构,如嘉应大学客家研究院、华东师范大学客家研究中心、深圳大学客家研究中心、福建省社会科学院客家研究中心、赣南师范学院客家研究中心等,使客家研究得以有组织、有计划地展开。创办了一些学术性刊物,作为学者交流的园地,如嘉应大学客家研究院的《客家研究辑刊》、华东师范大学的《客家学研究》、福建省社会科学院的《客家大文化》等,其中嘉应大学客家研究院的《客家研究辑刊》半年刊,目前已出版39期,被北京、上海等国内多家大型图书馆及美国斯坦福大学、新加坡国立中文大学等海外高校、科研机构定为中文类核心期刊珍藏。学术界先后出版了一批有影响的研究成果，如张卫东主编的《客家研究》第1辑，刘佐泉的《客家历史与传统文化》与《观澜溯源话客家》，房学嘉的《客家源流探奥》、《客家民俗》、《粤东客家生态与民俗研究》，谢重光的《客家源流新探》、《客家形成发展史纲》、《客家文化述论》，杨彦杰的《闽西客家宗族社会研究》，王东的《客家学导论》，陈支平的《客家源流新论》，吴永章的《客家传统文化概说》，刘大可的《传统的客家社会与文化》，曾祥委的《田野视角：客家的文化与民性》，罗可群的《广东客家文学史》，刘丽川的《深圳客家研究》，罗勇的《客家赣州》，钟俊昆的《客家文化与文学》以及劳格文主编的《客家传统社会丛书》，房学嘉主编的《客家学丛书》、《客家研究大讲坛丛书》第一辑，谢重光主编的《客家文化丛书》等。而论述客家问题的论文则层出不穷。

嘉应大学客家研究院是深受海内外学术界关注的客家学研究基地之一。客家研究院除了为从事客家文化研究的人士提供资料性和咨询性服务外，还经常举办讲座、研讨会、学术沙龙、田野工作坊，在大学开设"客家文化导论"等。每两年举办一次客家学术研讨会，其中"客家民俗与客家文化"、"客家在乡商人与地方文化"、"客家文化与全球化国际学术研讨会"等，对于深化客家学的研究起了一定的推动作用。先后与法国远东学院、香港中文大学、香港科技大学、台湾"中央大学"等有关研究机构开展协作交流。其中美国的哈佛大学、哥伦比亚大学、加州大学以及我国台湾"清华大学"等均有教授到该所作高级访问学者。在研究方法上，田野考察研究法是嘉应大学客家研究院将人类学、历史学等学科的研究法综合应用于客家研究的带创造性的研究方法。从1994年起，嘉应大学客家研究院与法国远东学院劳格文教授合作①，在

---

① 后来加入这一研究计划的还有福建省社会科学院、香港中文大学、韶关学院、赣南师院等。

闽粤赣三地实施细致的田野考察研究,出版了《客家传统文化丛书》系列,其研究方法和成果在海内外学界产生了很大的影响。

在台湾,一些高校也先后成立客家学术研究机构,如台湾"中央大学"客家学院、台湾"交通大学"客家学院、联合大学客家研究中心、高雄师范大学客家研究所等。1979年以来,庄英章、陈运栋、尹章义、罗肇锦、钟荣富等学者关于客家研究的成果对学术界影响很大。

香港客家研究始于1847年巴色福音会传教士对新界客家人的观察与访谈,主要成果有艾特的《客家史纲》、黎力基的《客籍华人》等。尔后则有赖际熙负责编撰的《崇正同人系谱》。英国人类学家傅里德曼的成名之作《中国东南地区的宗族组织》,使用了很多香港客家资料。美籍人类学者华德英在香港西贡从事水上渔民的研究,其著作有许多涉及客家的论述;英国人类学者贝克对香港新界上水的客家进行了研究,著有《一个中国宗族村:上水》一书。20世纪80年代以来,香港华人学者参与客家研究的越来越多。如香港中文大学的谢剑长期投入香港惠州客属社团之研究;香港城市大学的艾尔堡所著的《中国近代革命运动》中关于客家的参与论述甚详;美国匹兹堡大学的康士塔布长期对香港客籍基督徒的研究,等等。

在海外,学术界影响比较大的代表人物有:美国哥伦比亚大学人类学系的孔迈隆博士,曾长期从事台湾美浓客家的历史与文化研究;美国明德大学人类学系的欧爱玲博士,曾长期从事印度塔坝的梅县客家华侨历史的研究;美国哈佛大学人类学系罗力波(Eriberto P. Lozada Jr.)博士,曾长期在蕉岭县调查客家传统文化等。特别值得注意的是,法国远东学院院士劳格文(John Lagerwey)博士从1994年以来在粤东北、粤北、闽西、赣南等客家地区主持开展的"客家传统社会的结构与原动力"研究计划,对于抢救民间口碑材料、保存客家民间传统文献、研究客家传统文化等做出了重要贡献;英国牛津大学历史学博士科大卫,长期在香港新界客家乡村从事田野研究,对宗族、村落和社区予以严格的辩论和界定,并认为农村动力来自具有共同神灵崇拜的社区。

在一代又一代学人的努力下，客家历史文化的研究已成为当前学术界的一门显学。许多学者表示了空前的学术热情，研究论著层出不穷。1992年秋，谢剑、郑赤琰、劳格文、刘义章等人更是大力倡导，成立了国际客家学会，并先后在中国香港、新加坡、中国台湾的台北市等地组织召开大型的国际客家学术研讨会，极大地推动了客家学研究。在这些国际客家学术研讨会上，学者们围绕着客家历史文化特质从不同的视角进行探讨，而对客家源流的讨论最为引人注目，提出很多新观点。

第二节　客家历史渊源的基本观点

本书的客家是一个文化概念，而不是一个种族概念。粤闽赣边地区是客家人的主要聚居地，这里山峦重叠，形势险要。生活在这一片山地的人，基本上自我认同是客家人，虽有部分人没有认同，但也同操客家方言。客家先民，在这片生产生活条件极端恶劣的环境中，披荆斩棘，繁衍生息，筚路蓝缕，创造了灿烂的客家文化，培育了无数英才，在中国近现代历史舞台上演出了许多威武雄壮的活剧，因而引起了世人瞩目。客家族群人口众多，学术界估计有四五千万。所谓族群，韦伯（Max Weber）的定义是：如果那些人类的群体对他们共同的世系抱有一种主观的信念，或者是因为体质类型、文化的相似，或者是因为对移民的历史有共同的记忆，而这种信念对于非亲属社区关系的延续是至关重要的，那么，这种群体就被称为族群。也就是说，只要成员对他们的历史、或祖先、或来源、或神话传说、或重要事件（不论是虚构的还是真实的）、或语言抱有一致的认同，他们就结成族群。

客家文化是客家学的一个组成部分，其研究对象是客家人及其文化。文化有广义与狭义之分，广义的文化是指"人类社会历史实践过程中所创造的物质财富和精神财富的总和"，狭义的文化是指"社会的意识形态，以及与之相适应的制度和组织机构"（参见

《辞海》)。关于"文化"的定义,泰勒（Tylor）在其1871年的《原始文化》中是这样下的:"文化或文明,就其广泛的民族学意义来说,乃是包括知识、信仰、艺术、道德、法律、习俗和任何人作为一名社会成员而获得的能力和习惯在内的复杂整体"(庄锡昌,1987)。本书中所指及的"客家文化"之"文化"一义的解释与上述解释基本类似,只是它的表述更具体更全面些,如方言、围龙屋、民间信仰等人们在体力劳动和脑力劳动过程中所创造出来的一切财富,包括物质文化和精神文化,以及人们所具有的各种生产技能、社会经验、知识、风俗习惯等。当然不是泛泛而论,而是限定在大家最切身也是最关注的客家范围内。

在"客家学"的研究历史中,对客家源流的探讨一直都在无形地制约着客家文化的研究。客家源流问题虽已是"客家学"研究中的永恒话题,但事实上,学术界始终都未形成一个共识而莫衷一是。20世纪80年代以来,陆续有一些学者撰文讨论客家历史源流,如李默的《论客家的形成及民族融合》（李默,1994）、许怀林的《关于客家源流与客家民系的几个问题的论争》、《关于客家源流的再认识》(许怀林,1994、1995)等。专著如房学嘉的《客家源流探奥》（房学嘉,1994）等,对自罗香林以来关于客家源流"南迁说"提出质疑。"南迁说"在很大程度上主要根据对史料记载的理论论证与民间谱牒的逻辑推理,带有一定的假定性。这种带有一定假定性的客家源流"南迁说"持定"客家先民自中原迁居南方……其先世,则多居于黄河流域以南,长江流域以北,淮河流域以西,汉水流域以东等,即所谓中原旧地"（罗香林,1989）,自然而然地,中原文化（中国传统文化的主体）便成了客家文化的母体文化,成了客家文化研究的一个大文化背景。实际上,"客家先民"南迁始于何时,前后共有多少次,南迁的路线怎样,至今仍是众说纷纭,新论迭出,这恰从一个侧面折射出"南迁说"的根深蒂固与深远影响。

当前学术界关于客家源流的讨论可归纳为:"北方汉人主体说"与"南方汉人主体说"。中国汉民族分布地域辽阔,南北文化存在一定的差异，学术界据此将汉人分为南北汉人，其中古百越地区自秦汉归属帝国的版图后，百越民族大部分已认同于汉成了南方汉人。

"北方汉人主体说"是罗香林《客家研究导论》的主要观点，在学术界影响甚大。罗氏对客家历史源流的研究不但有开创之功，且对客家人上自五胡乱华以来的五次大迁移说及相对纯正汉人血统①等主要论点被客家论者普遍接受。关于历史上的民族关系，罗氏在其论著中，一直强调各民族之间互相融合，文化相互影响。但当论述到客家族群的源流时，则强调客家的特殊性，强调客家人的祖先是从中原迁来的，如"'客家'是'客而家焉'的意思，顾名思义，当知其非中国南部固有的民系"。"客家是自北南徙的民系"。关于客家共同体的血缘问题，目前虽无量化的科学数据可供参考，仅凭推测过分强调并无必要，但只要讲客家源流却又难以回避。关乎此，罗氏认为，汉人有南北之分，即"北系汉人"、"南系汉族"或"南汉一系"。"至于客家，虽与外族比较少点混化，然此亦只是少点而已，到底与'纯粹'有别"。他在引用 Huntington（韩廷敦）的话谓："客家人是十分纯粹的华人，他们可以说，完全没有和外族的血统发生过混合。"在阐述客家民性的形成时进一步指出："客家民系最富爱国保族的思想，这因他们先人，昔年，曾受北部异族，强烈压迫，向南迁徙，非由己愿；当其辗转达到大江南北岸时候，已不知经了几多流离，几多颠顿，而后九死一生，幸存着一部分系裔，追怀往痛，旧恨难消，父以传子，子以传孙，一种嫉愤外族的情怀，遂致历久不释，这许就是他们民族思想来源罢！"

检视学界关于阐释客家"北方汉人主体说"的论著林林总总。论者普遍认为，客家人以汉族为主体，长期与古百越族的支系畲、瑶、苗、疍等族特别是畲族通婚和血缘交融。论者认为，客家本来就是生活在北方的"土著"居民，是汉族中的一支族群"司豫流

---

① 罗香林《客家研究导论》，台北：南天书局，1992：第63-76页。

人"。在漫长的往南迁移过程中与百越诸族互相交流、互相影响和互相融合，有的转化为汉民族的其他族群或其他民族的成员，有的则在交流过程中影响了别的族群或民族的居民，保留了客家的本色，即今日的客家人。根据这种论点，除了强调客家族群以汉族为主体以外，似乎认为是客家人南迁而不是中原汉人南迁并与其他民族融化形成客家族群。

"南方汉人主体说"①。据考古提供的信息，我国在新石器时代，无论是中原还是在粤闽赣三角地区，无论是在北方的黑龙江还是在南方的海南岛，无论是在东海之滨还是在云贵川，都有比较精美细致的石器工具，都有形状差不多，甚至极为相似的彩陶器皿，这些生产和生活物质的出现，当是人类生产活动的共生现象。房学嘉的《客家源流探奥》在前人研究成果的基础上结合田野经验提出了客家源流"南方汉人主体说"。

虽然有关客家的历史源流众说纷纭，但客家族群是汉民族中一个系统分明而很有特色的支系是肯定的。学界诸说都强调客家先民有相当一部分是古代居住于黄河、淮河和长江流域的汉人。汉人南迁，有史料记载者始于秦代，但不是所有南迁的汉人都是客家族群的先民，它还包括了广府、福佬等族群的先民。汉人南迁比较大规模的是始于汉末至东晋，当时主要是受东汉末年黄巾之乱和东晋永嘉之乱影响，而迁移至长江流域的洞庭湖、鄱阳湖和太湖三大区域。从东晋至五代，受安史之乱八年、黄巢之乱十几年和五代纷争

---

① 叶智彰在《客家民系本质的自然科学证据》（见《客家研究辑刊》1997年第1期）中指出：人类有共同的祖先，群体扩散以后由于地理隔离等生殖隔离因素，各群体间缺乏基因交换而产生了遗传距离，进而产生了不同的人种和族群，族群间由于缺乏交流而产生了语言文化差异，即趋异现象。随着人类社会的进步，在有历史记载以来，一反史前的趋异现象而走向趋同，各族群间加速融合。就中华民族而言，北方汉人加速与北方少数民族融合；南方汉人加速与南方少数民族融合。上述遗传距离的南北界线就是这一观点的自然科学证据。客家群体的形成和发展就是这一观点的实例。是中原汉人南迁而不是客家人南迁。南迁的中原汉人与古百越族的支系主要是畲族融合形成了客家民系，且畲族不占少数。如果认为畲族占少数的话，就无法解释上述遗传距离研究的南北界线。

的影响，汉人从上举地区继续南移，主要是从鄱阳湖区域南迁到赣南、闽西和粤东地区的汉人与当地人民融合形成了客家族群。客家族群在宋元历次中国大事变中，表现出爱国爱乡、敢于奋斗、勇于牺牲的精神，在历史发展中，一次又一次地锻炼自己，使之变得更坚强不屈，更有进取心，更有适应性。

明末清初，先是清兵南下，后是政府实施迁界、复界及"湖广填四川"等政策，大批客家民众分迁到粤中及滨海地区，及至川、桂、湘、台，而且有一小部分迁至贵州南边及西康之会理（今属四川，靠近云南）。在清乾嘉年间，客家人受广东西路事件和太平天国革命的影响，部分人分迁至广东南路、海南、台湾、香港，部分人移徙南洋群岛甚至远至欧美各洲。其他零星迁移在历史上从未间断。通过上述历史性迁移，而今成片客家人居住并讲客家话的省份有广东、江西、福建、广西、湖南、四川、台湾、海南等省区200多个县市，其中粤闽赣交界地区最为集中。

由此可以看出，客家族群在中国内地的迁徙在宋以前与当地社会的政治变动有关，而乾嘉年间的迁徙则是受社会经济环境的影响，由于生齿日繁而向外迁徙，清咸丰年间的迁徙则是受族群冲突即土客械斗而起。客家族群的迁徙动机，或由于外患，或由于饥荒，或由于匪盗，或由于兵乱，或由于政府奖励招募与安插，或由于外地经济的引诱。其中移民台湾的客家族群，基本上是受社会经济生态环境影响。如蕉岭县在乾嘉以后就有大批人移居台湾，参与当地的开发与建设，据民间统计资料，目前在台的蕉岭乡亲达到40多万。

从历史上看，粤闽赣边地区由于地处山区，交通落后而开发较迟这是事实，特别是宋以前，文明程度较之中原地区相差很远。但我们应该注意到，这并不等于粤闽赣边地区没有古人类活动。大量的田野资料显示，粤闽赣边地区自古以来就存在着一个人们共同体。这个人们共同体足以与周边地区的人们共同体相抗衡。历史上的越国灭吴国，越王勾践被周元王封为东方盟主而称霸中国东南方；尔后楚国灭越国，秦灭楚，秦遣50万军征剿百越及尔后赵佗

在南方建立南越国等地上正史资料，以及南越王墓、博罗县缚娄古国、梅州水车窑等大量地下考古资料即是明证。[①]

历史上的民族迁移运动，并不是在简单地填补某个地区的人群空穴的运动，而是对某个地区补充新的人群。"历史这一庞然大物肩负着始终具有省略而又常常意识不到的遗产。"[②] 大量的田野考察资料再现了隐藏于历史表象之后规范着历史运作方式的真实力量。[③] 通过大量的田野考察资料，我们从中看到了衣衫褴褛的先人们艰难跋涉和辛勤垦殖，才有今日客家族群栖息的广袤区域；也正是在这千千万万无名的劳动人民的推动下，各个地区文化系统逐次展开，从饮食、服饰、民居到人生礼俗与方言，由俚俗之"下里巴人"至精英的"阳春白雪"，经过碰撞、交融，最终形成了尽管千差万别，但又有着共同的文化源流的文化认同的客家共同体。

值得进一步思考的是，到目前为止，尚未发现中国北方存在客家族群的历史记载。因此，关于历史上存在客家人中原南迁之说还有很长的路要走。客家共同体是由南汉遗民与历史上南迁的北汉人融合、汉化而形成。历史上确曾有过一批批南迁客家地区的中原汉人，但与当地人相比，其数量任何时候都属少数。笔者并非血统论者，但实际上，客家共同体在形成的过程中，就其血统而言，其主体应是生于斯长于斯的本地南方汉人。客家是一个文化概念，它是历史上少数北方汉人带着当时较发达的中原文化融化于粤闽赣边的

---

① 据《羊城晚报》2000年6月5日第一版《缚娄古国也许就是这里》报导："博罗发掘出的庞大先秦墓葬群，很可能使岭南文明史得以上溯至3000年前。"《羊城晚报》2000年6月9日第二版《"南蛮之地"闪耀着古文明的光辉——国家文物局局长来穗为博罗考古庆功》报导："建国50年来广东考古史上最重要的发现——博罗'西周、东周时期墓葬群'的出土，使岭南文明史因此而上溯至3000年前。为此，国家文物局张文彬局长近日专程从北京赶到考古现场庆功。他说，过去人们认为岭南地区是'南蛮之地'，现在通过考古证明了岭南也是比较早的文明发生地，遗址出土的东西说明当时生产力发展已达到相当水平。"

② （法）费尔南·布罗代尔：《法兰西的特性、空间的历史》，商务印书馆，1994年10月版，第4页。

③ 参见劳格文主编《客家传统社会丛书》。

南方汉文化中，形成以中原文化为主体的客家文化共同体。

学术界值得参考的研究成果很多。① 比如复旦大学的葛剑雄等通过对中国移民史的研究②，明确指出：到南北朝为止"客家人还没有形成"（葛剑雄等，1995），而且"只有一小部分客家人的祖先是真正来自北方，大部分人的祖先则是闽浙粤赣等省的土著"。"客家先民对客家的影响，主要在于文化而不在于北方血统的绵延不绝"（葛剑雄等，1995）。这一成果，不仅对我们了解客家人的渊源有所裨益，更对我们认识南方区域文化与中国多元一体文化格局的形成颇有启示。

综上所述，客家是汉民族的一支是没有疑问的，因为自秦汉以后，岭南地区已纳入中华帝国的版图，生活在粤闽赣边山地的人已属秦人、汉人的一部分。客家共同体历史源远流长，要从血统上分清谁是客家、谁不是客家显然是不科学的，也是不可能的。在历史的长河中，客家共同体曾先后与周边民族民系相混化，而周边民族民系血缘成分所占比例多少？由于血缘成分复杂，谁也说不清，因为没有白纸黑字可以量化的资料可参考。因此，今人在讨论到这一层面时，往往只能推测与假设。但结合民族融合的理论，根据历史上南北民族、民系地理区域分布，历史文化积淀等分析，血缘的遗传基因是存在的，如赵桐茂等的研究报告《中国人免疫球蛋白同种异型的研究：中华民族起源的一个假说》。③

---

① 李默的《论客家的形成及民族融合》、许怀林的《关于客家源流与客家民系的几个问题的论争》、《关于客家源流的再认识》等。

② 葛剑雄、吴松弟、曹树基：《中国移民史》，卷二，1997年版，第605 - 606页。

③ 赵桐茂等在《中国人免疫球蛋白同种异型的研究：中华民族起源的一个假说》，载（《遗传学报》第18卷第2期。）指出：汉族是中华民族的主体民族，占总人口的93%左右。汉族不是一个同源的群体。居住在北方的少数民族和北方汉族在同一个集群；居住在南方的少数民族和南方汉族在同一个集群，说明从种族关系上看，南方汉族和北方汉族之间的差异，远远大于汉族和当地少数民族之间的差异。

第三节 客家妇女研究的意义

客家妇女是客家文化中极具特色的文化事象。关于客家妇女的记述在清代粤东的方志中就有记载,如乾隆《嘉应州志》载:"妇女装束淡素,椎髻跣足,不尚针刺,樵汲灌溉,勤苦倍于男子,不论贫富皆然。"同书《艺文·诗》中还收录了程乡县令刘骏名的两首诗,一首名《春雪悯田妇种田》:"寒抒风飕雪欲冰,荒田牛脚绊锄根;淋漓一指血何为,布谷飞鸣唤早春。"另一首名《见妇女络绎负矿》:"居无寸艺足晨昏,遍赋新租两蹙门;邻妇起呼各努力,呻吟道左不堪闻。"晚清著名外交家、教育家、爱国诗人黄遵宪对客家妇女也作过精辟的论述①:"而妇女之贤劳,竟为天下各种类之所未有。大抵曳屣履,戴叉髻,操作等男子,其下焉者,蓬头赤足,帕手裙身,挑者负者,提而携者,阗溢于闹肆之间,田野之中;而窥其室,则男子多贸迁远出,或饱食逸居无所事。其中人之家,则耕而织,农而工,豚栅牛宫,鸭栏鸡架,牛牙贯错,与人杂处。而篝灯砧杵,或针线以易屦,抽茧而贸织,幅布而缝衣,日谋百十钱,以佐时需。男女线布,无精粗剧易,即有无赢绌,率委之其手。至于豪家贵族,固稍暇矣,然亦井臼无分亲人,针管无不佩也,酒食无不习也。无论为人女,为人妇,为人母,为人太母,操作亦与少幼等。举史籍所称纯德懿行,人人忧为之而习安之。""吾行天下者多矣,五洲游其四,二十二行省历其九,未见其有妇女劳动如此者。"近代以来,随着客家人在中国政治、经济、文化舞台上的重大事件中的影响,特别是在太平天国运动、辛亥革命等历史事件中所发挥的作用,客家人日益引起世人的关注,客家妇女以其独具特色的思想性格、社会形象,从清末开始引起中外文化人士的关注,如英国人爱得尔在《客家人种志略》和《客家历史纲

---

① 黄遵宪:《李母钟太安人百龄寿序》,载《黄遵宪研究资料选编》,香港:天马图书有限公司,2005年。

要》中说："客家人是刚柔相济，既刚毅又仁爱的民族（应为民系），而客家妇女，更是中国最优秀的劳动妇女的典型……客家民族（应为民系）是牛乳上的乳酪，这光辉，至少有70%是应该属于客家妇女的。"1965年郭沫若在梅县视察时有感于梅州妇女的勤劳写下了"健妇把犁同铁汉，山歌入夜唱丰收"的诗句。

20世纪80年代以来，随着客家研究在全球的重新兴起和对客家研究的不断深入，客家妇女问题日益引起学界的重视。但总体而言，相对客家民俗、信仰、社会生活等其他领域而言，对客家妇女的研究还是比较薄弱。学界主要是从民俗学、历史学的角度讨论客家妇女的思想品德、婚姻生活、风俗习惯等，其中特别关注的是有关客家妇女的民俗特色、婚姻生活和社会地位问题。关于客家妇女的民俗特色的研究，如杨宏海的《粤东客家妇女的民俗特色》、《客家妇女纵横谈》，张泉福的《闽西客家妇女祈子俗评析》，谢重光的《客家妇女人文性格及其历史成因》，钟晋兰的《客家妇女生育信仰初探》，谢庐明的《赣闽粤毗邻地区客家女性禁忌初探》等；关于客家妇女的婚姻生活的研究，如黄马金的《客家妇女》，吴明忠的《客家花屯女》，庄英章的《台湾北部闽、客妇女地位与生育率：一个理论假设的建构》，李泳集的《客家等郎妹婚俗的研究意义》，周云的《粤东客家妇女的婚姻与家庭》，侯国隆的《关于旧时梅州客家童养媳问题的探讨》等；关于客家妇女的社会地位的探讨，如房学嘉的《客家女性在宗族中的地位：以梅县丙村温氏仁厚祠为例》、《关于女性在传统社会中地位的思考：以梅县客家妇女为例》，陆绯云的《性别与族群：客家妇女社会地位的反思与探讨》，徐维群的《传统客家妇女相对地位的定位及其成因》，陈弦章的《客家妇女地位与作用之成因浅析》，刘锦云的《客家妇女的地位变迁》，李泳集的《社会变迁与客家妇女地位：粤东紫金县竹园村调查》等。

上述研究从不同的视角对客家妇女进行了不同层面的探讨。总体而言，就客家妇女特征方面说，多是对客家妇女的美德的颂扬，认为客家妇女身上凝集了中国妇女勤劳、俭朴、善良的品格特征，

当然在近期研究中也有一些不同的"声音"出现，认为在肯定客家妇女优秀品德的同时，在她们身上也存在一些中国妇女的"悲哀"。如胡希张在《客家风华》中指出："对其（客家妇女）因恪守旧规而忍辱负重、含辛茹苦、听天由命的心理状态，世人甚少有公论。""不论出于被迫或自愿，客家妇女都要将对家庭的忘我奉献视为天职，以男尊女卑为理所当然。纵有满腔苦水，亦要忠此一生无怨无悔。客家妇女的可敬之处在此，可叹之处也正在此。"对于客家妇女的地位问题多数学者认为客家妇女的地位低下，但房学嘉运用田野调查的研究方法，结合大量契约文书等材料，通过对客家妇女在地方宗族生活、神明崇拜等社会生活中的角色扮演，认为客家妇女在传统社会中具有主导性的社会地位。关于客家民俗特色的研究，学界多从地方传说、服饰文化的角度去解读客家妇女的特色。

纵观这些研究成果，可以发现学者对客家妇女进行了不同视角的探讨和研究，对于推动客家研究的深入与发展是不无裨益的。但是客观而言，关于客家妇女的研究还存在很大的提升空间。一方面，以往的研究成果只是向我们展现了客家妇女的生活画卷，即只是描述了客家妇女的生活形态，而很少回答出现这种状态的原因；另一方面，当前的研究对客家妇女只是从不同侧面的"单元性"研究，尚缺乏长时段、全方位、系统的研究。

客家研究大讲坛丛书·第二辑

第二章 客家妇女的全息图像

第一节 客家妇女的服饰

有学者在客家地区考察后,对客家妇女作了细致的描述,向我们展示了传统客家妇女的质朴无华的外在形象:

> 客家妇女穿的是右侧开襟上衣,右襟沿及衫尾四周,缀以花边,宽纹一寸。裤头阔大,裤裆较深,裤脚口亦缀以花边。着的是布鞋,鞋面由两片色布缝成,鞋端略往上翘,状似小船,上面用五彩线绣了花。身上还系着围裙,用银练子系结,裙子状如"凸"字,其上半部也绣有花卉或图案,如此等等。逢年过节或串亲走戚时脖子上挂着银项圈,手腕上戴着银镯子,打扮起来活像个畲族妇女。①

客家妇女的服饰较有特色的包括:一是头衣包括头帕与凉帽;二是体衣包括大襟衫、大裆裤与围裙,衣服的质地以麻、棉织品为主;三是鞋子以绣花鞋与屐为主;四是装饰上,领口、边脚加滚边,袖口与裤口则缀花边。客家妇女的服饰,总的特点可用"质朴无华"一句话来概括。穿戴简朴之风的形成,是与其艰苦移民生活的历史背景、贫瘠山区的地理因素、自给自足的经济生活、炎热的气候环境、本地出产物的自然条件紧密相关的。

一、头饰

客家妇女的发型为盘髻。在传统社会中客家妇女婚后头发喜梳

---

① 王增能:《客家与畲族的关系》,载《武平文史资料》,总第10期。

成高髻，以帕包头，插上金、银、铜簪。如光绪《嘉应州志·礼俗》卷八载："女嫁前一日髻，谓之上头。"挽髻成了区分女子婚嫁与否的一种标志。

梅州妇女发髻的式样，大致分为三类①。一类是高髻，如望仙髻、凌云髻、朝天髻等，这类多为富贵人家的发式。其法是：先将长发向后梳齐，次将头发卷好束起，盘于头顶偏后处，成"椎"（像球形的槌）形发装，蒙以发罩。一类是矮髻，如环髻、堕髻等，这类多为乡镇妇女发式。在头上梳一个歪斜的矮髻，走起路来细步半躬腰，颇有风度。一类是椎髻，是一般平民妇女的主要发式，只将全部头发拢上头顶挽个鬏（盘成结），用头绳一拴便成。这类髻梳妆不高不低，朴素大方，梳洗方便。1944年梁伯聪在《梅县风土二百咏》有言："女梳高髻转盘龙，再变妆时发改松。金翠纵然能省却，烫末工介亦很凶。"并自注说："旧时妇女梳发，环城用髻套，乡间用帕裹，项背发兜起数寸，名髻尾。后改梳盘龙，名曰圆头。今一律剪发，虽可省金银首饰，而时髦女子仿西式烫松发，工价每至三四百元。"

不少学者认为，客家妇女的发髻受南方本地习俗影响而成。因为椎髻是古代南方本地人广为流行的一种发式。广东地区的"越"人，即属此例。据《史记·陆贾列传》载："南越王尉佗，魋（椎）结箕踞见陆生。"南越王尉佗，虽是河北正定人，但他为治理岭南地区而从"越"俗打扮，接见汉朝使者陆贾。可见，越人椎髻之俗自汉朝时就已存在。客家妇女盘髻之俗，当与此有关。另外《永乐大典》记载的一则宋代官员在潮州移风易俗的事例也可证明：

> 州之旧俗，妇女往来城市者，皆好高髻，与中州异，或以为椎结之遗风。嘉定间，曾噩下令谕之，旧俗为之一变，今无复有蛮妆者矣。故曾侯元夕尝有诗云："居民不诈灯前语，游女新成月下妆。"盖纪实也。

---

① 房学嘉：《客家民俗》，广州：华南理工大学出版社，2006年。

曾噩是嘉定十四至十五年（1221—1222）的潮州知州，他在潮州移风易俗，因此元宵夜"居民不诨灯前语，游女新成月下妆"，所谓居民灯前"诨语"，大概是指男女答歌，杂以淫漫之词；游女新梳的月下妆，不知式样如何，但肯定是对于椎结遗风的改革。

头帕，俗称"东头帕"，即包头巾或戴头巾之意。这种"头帕"不像"裙子"，没有带子，只用一块方形布包扎在头上或包结在发髻上，为已婚妇女所常用。清人黄遵宪笔下的梅州妇女形象就是"蓬头赤足，帕首裙身"。头帕的形状和大小各地不一，在梅县、蕉岭等地为方形，在平远等地则为长方形。头帕制作精美，四周饰以花边，中间用彩色丝线绣上花鸟图案。戴时将帕折成三角形，包扎在头上或只扎发髻上，用布质宽带系紧，既可遮阳挡风、御寒防尘，又可作装饰物，作女性帽子之用。系在胸前还可做围裙，干活时可以防脏，赴墟购物时还可用来包裹小物件。冬季或坐月子时可用于包头，防止受凉。它与畲族妇女的头帕颇为相似。据《石窟一征·礼俗》卷四载："俗妇女冬日戴帕，帕皆青布为之。"这个记载并不很确切，梅州有些地区妇女不仅冬日戴帕，甚至有整年都戴帕的。帕的颜色，梅县妇女老者多用青色，年轻者多用蓝色，镶上白边，做工相当精美。平远、大埔等地老年妇女则多戴黑色头巾。客家妇女戴的头帕与畲族妇女戴的很相似，可能是受畲族穿戴习俗的影响。

凉帽，又名凉笠，是客家妇女特有的头部装饰品。一般用竹篾织成圆圈，中间有空孔，周边垂以布条或绢条，戴在头上显露发髻，以毛插或竹布横穿发髻使之固定。《石窟一征·礼俗》卷四载：客俗妇女"暑天田功樵采则戴凉笠，以竹为之，笠簷缀以青绢或青布，可以障日，名曰凉笠"。

竹笠，用青竹篾编成，夹以竹箬衬底，用以挡阳御雨，为劳动者所戴用。凉笠与竹笠的区别有二：一是前者做工精细，属工艺品之列，后者质粗价廉；二是前者为妇女专用，后者则为男女老少所通用。在我国唐宋时，笠已盛行。诗人李白曾咏道："饭伙山头逢杜甫，头戴笠子日卓午。"

草帽，用麦秆编成的圆顶竹笠形的帽子，用作遮阳而不能挡雨。

伞，俗称"遮子"，用作防雨，又可防晒。有布伞与纸伞两种。布伞，以铁、木为架，用布盖顶，有长柄、短柄之别。纸伞以竹为架，用有色油纸制成，故又称油伞。纸上多绘有各种花草图案，既美观，又轻便，故为客家青年妇女所钟爱。《石窟一征·礼俗》卷四："俗女子出嫁，是月内女子之母携漆屐、油伞、竹凳、织笼至婿家探看。此风甚古。"可见油伞为女子必备的四件生活必需品之一。

二、身饰

旧时客家妇女的穿着打扮，最常见的上装是大襟衫，大襟，右衽，配上高竖的领子，精美的布纽扣，长短以"行不露臀，坐不露股"为原则；下装也是大裆裤，少裙装，颜色尚青、蓝、黑色；上衣俗称"衫"，为"大襟衫"，开襟由领口斜向右胁，沿侧缝直至下摆。穿的裤俗称"大裤裆"，上端接四五寸阔的次布做裤头，既有变化之妙，又可省布之实。穿时，将腰宽的多余部分折贴，另用带系腰间。客家妇女也曾着裙，此裙名为"百褶裙"，布质，长到脚跟，后愈穿愈短，只至膝下。此制应是受南方当地服饰的影响。因做工繁杂，客家妇女早已不穿百褶裙了。客家人称背心为背褡。《石窟一征·礼俗》卷四："俗妇人称半臂为秋娘背褡。按，《身章撮要》妇人背子，本婢妾之服，以其行直主母之背，故名。今亦习俗相承，俗称秋娘，亦贱者之称。"背心源于隋制，据宋·高承《事物纪原》卷三载："隋大业中，内官多服半臂，除即长袖也。唐高祖减其袖，谓之半臂，又背子也。江淮之间，或曰绰子，士人竞服。隋始制之也，今俗名搭护。"客家妇女的衫裤的特点在于：讲究装饰，如领口、边脚加滚饰，袖口、裤口缀花边等；色泽较鲜艳，青年妇女以穿"士林蓝"为时尚。

蓑衣，多用棕毛制作。披在身上，既可防风雨，又可御寒。

围裙，即围身裙。上端呈三角形或梯形，下边为长方形。上端钉以纽袢，扣在上衣头纽上，裙左右两端系以一条特制的带子，扎在背后，把上身围紧，故名"围身裙"。胸前缝花刺绣，周围饰以花边。女性用以蔽胸腹。既可装饰，又便劳作。

衣服的原料，常用麻、棉织品，极少用丝织品。因客家地区素来少蚕桑。但也有少量用土产丝织品制成衫裤者，此织品质粗而耐用，价格昂贵，一般人穿用不起。麻织品，供夏天穿用，故名夏布。《石窟一征·日用》卷五载："妇女市苎，绩为夏布，名家机布。家机布者，别于市肆机布之谓也。"棉织品，家织土布，以制衣被，耐磨损，有终身使用者。《石窟一征·日用》卷五载："夏布家机，不若棉布家机。家机棉布，妇人以这制被，一被竟可终身。公孙宏三十年之供，不足以云俭也。"近代，随着洋布输入，家机布衰落，多以机织各色"洋布"制衫裤。

首饰。旧时客家妇女除头饰外，也有首饰。首饰颇为讲究，有簪子、簪花、毛插、耳环、颈环等饰物，镂花错采。手镯有纽丝手镯、龙头手镯、蒜芎手镯。饰物材料多用银制之，也有少量是用金、玉制成的。

三、足部

旧时汉族妇女以布帛裹足，使其变形成弓状，称"裹脚"，又称"缠足"。但客家妇女绝大部分并不缠足。究其原因，一是因为客家妇女需从事田间劳动，缠足便无法承担；二是受南方少数民族的影响，客家妇女穿的鞋有屐、草鞋、布鞋、绣花鞋与棉鞋等。客家人在晚间回来洗脚后，多穿上屐，用以夜间行走，第二天清晨又脱掉。屐有通风凉爽、经济便宜及便于乡间泥路走动的特点。精美漆花的木屐，更成了妇女的随嫁之物。草鞋，又名"草履"、"芒履"、"芒鞋"。早在南朝时，草鞋就广为流行，为一般士人及贫者所穿。布鞋，男式名为"阿公鞋"，女式名为"阿婆鞋"。布底布面，鞋面多黑色。鞋式为宽口船形，不用鞋带，俗名"懒人鞋"。绣花鞋，在鞋面上绣图案或花草虫鱼，或用五光十色的小珠子编织而成。

这是旧时妇女喜爱和较为精致的鞋样。棉鞋，又名"老人鞋"、"过冬鞋"。形制与布鞋类似，里面以棉花为絮，多供老人过冬穿。

第二节 外国学者眼中的客家妇女

曾获普立兹奖金的美国名作家米契纳，于1959年出版了一部厚达千页的巨著，书名叫《夏威夷》。对于客家妇女，有如下一段描述：

> 魏医生偶然注意到高地上的妇女都没有裹脚，于是指着一个妇人问春发叔道："她们的脚怎么都没有裹呢？"这位来自加州的春发叔道："她们是客家人，不值一谈。"魏医生又问道："妇女准许到香树国（当时我国人对夏威夷的称呼）去吗？"春发叔说："也许客家妇女可以，闽南妇女则不行。"于是魏医生不再说什么，但自己却想道："也许有一天夏威夷会需要中国妇女，不过一定要客家人去。她们看起来又强健又聪明。"
>
> 魏医生终于在无意中招募了一位名叫夏美玉的客家人，到夏威夷的魏家去做女佣。每日的代价是美金五角，可是她并不计较工资的多寡，却辛勤地工作着，每天自清晨五时直忙到晚上九时，一周七天，天天如此。于是乎就触动了魏太太的慷慨，以后每日付她一元美金工资。

米契纳笔下的这位客家妇女，的确是一位典型人物。

正因如此，不少外国人士对客家妇女大为赞叹。英国人欧德里在《客家人种志略》中曰："客家妇女是中国最优秀的劳动妇女的典型……客家民族（应为民系），是牛奶上的奶酪，这光辉至少有百分之七十是应该属于客家妇女的。"

美国人文地理学教授韩廷敦在他的《自然淘汰与民族性》中，从客家民系生存发展的地理和时空上加以推论："现代的客家人，是由受过最大磨练的祖先传下来的，因此，客家人都有一种坚忍不拔、吃苦耐劳、男女一齐劳动的特性。"

美国人爱德华在《中国访问录》中则说:"客家人是刚柔相济,既刚毅又仁爱的民族(应为民系),而客家妇女,更是中国最优秀的劳动妇女典型。"

日本人山口县造在《客家与中国革命》一书中,更是把日本妇女抬出来和客家妇女进行比较:"日本妇女以温柔顺从著称于世,而客家妇女亦毫不逊色。而且我们可以说,日本妇女之所以温柔顺从,是病态,因为她们的生活需要依靠男子,不能不借此求怜固宠;而客家妇女的温柔顺从是健康的,因为她们能够独立生活,她们这样做,纯然是真挚的爱和传统的对丈夫的崇敬。"客家妇女不卑不亢的形象跃然纸上。

曾在客家地区居住多年的美国传教士罗伯特·史密斯(Robert Smith)在他所著的《中国的客家》(THE KAKKA OF CHINA)一书中说:"客家妇女真是我所见到的任何一族妇女中最值得赞叹的了。在客家,几乎可以说,一切稍微粗重的工作,都是属于妇女们的责任。如果你是初到中国客家地方居住的,一定会感到极大的惊讶。因为你将看到市镇上做买卖的,车站、码头的苦力,在乡村中耕田种地的,上深山去砍柴的,乃至建筑屋宇时的粗工,灰窑瓦窑里做粗重工作的,几乎全都是女人。她们做这些工作,不仅是能力上可以胜任,而且在精神上非常愉快,因为她们不是被压迫的;反之,她们是主动的。"在没有什么财产的家庭里,男子既无支配妻子的动机,妻子也不能依赖丈夫生活。应该说,以"出得厅堂,入得厨房",勤劳、刻苦与俭朴著称于世的客家女子是"妇女创造文明"的象征。

美国传教士罗伯特·史密斯在其所著的《中国的客家》一书中,赞不绝口地说道:"客家妇女,除了吃苦耐劳和尊重丈夫外,她们的聪明热情和文化上的进步,也使我们羡慕。因为需要劳动,所以客家妇女自古以来都无缠足这一种陋习,她们的迷信程度也远不及其他地方的妇女。……她们多数很聪颖,她们在山中砍柴时爱唱山歌,常常是一问一答,应对如流。"罗伯特·史密斯这一段话,较好地概括了客家妇女的优良品质,特别是她们的聪颖与文明开化。

总之，由于坚守某种固有的信念，才使得客家妇女坚忍不拔，维系和支撑了客家地区的千家万户。"客家妇女向我们展示了一种特殊的生活方式和生存态度，这种方式及态度只有在极其艰苦恶劣的自然环境和生存环境中，才会被挤压锻造出来。至今，我们尚未发现中国有哪个民族（应为民系）的妇女肩负着如此的重任，胸怀着如此强烈的族群危机感、使命感，保持着如此无私的奉献精神。"(《中国的客家》) 这既是客家妇女的独特之处，也是她们得到国内外人士广泛好评的原因。

第三节 勤劳俭朴的客家妇女

凡初到梅州地区的人士，往往会发现大街小巷骑人力三轮车载客的多半是妇女，觉得很特别；尤其是海内外前来梅州考察客家文化的专家学者，当他们深入乡村进行田野调查时，发现农田里插秧、打农药、割稻子、打谷子的竟然大部分也都是妇女，觉得非常惊奇。于是他们会提出这样一个问题：客家妇女到底是怎样的一群人，她们身上到底有多少异于常人的美德？

关于客家妇女，无论是大众口碑，还是见诸文学作品的描述，以及学术界的研究，无不充满了溢美之词。这些赞美的词汇是如此之多、如此丰富，以至于笔者实在无法再想出新的词语来概括客家妇女的美德。笔者将根据自己田野调查中以及生活中的所感，结合前人的研究以及相关历史文献记载，试图重新概括客家妇女的美德。

在粤东梅州地区，民间流传着一首歌谣《客家好姑娘》，主要是描写客家妇女的日常生活。

勤俭姑娘，鸡啼起床。梳头洗面，先煮茶汤。
灶头锅尾，抹得光亮。煮好早饭，刚刚天光。
洒水扫地，担水满缸。未食早饭，先洗衣裳。
上山打柴，急急忙忙。养猪种菜，熬汁煮浆。

纺纱织布,不离间房。针头线尾,收拾柜箱。
田头地尾,样样在行。砻谷做米,无壳无糠。
爱子爱女,如肝似肠。人客来到,细声商量。
欢欢喜喜,乐道家常。鸡春鸭卵,豆腐酸姜。
有米有薯,计划用粮。粗茶淡饭,老实衣裳。
越有越省,唔贪排场。米房冇米,甘耐风霜。
捡柴去卖,唔蓄私囊。唔偷唔窃,辛苦自当。
唔怨丈夫,唔怪爷娘。人人赞赏,客家姑娘。①

勤劳俭朴是客家妇女最明显、最突出的美德,凡是到过客家地区或与客家女性有过一段时间接触的人,我想对这一点都会有同感。历史上的文化名人,近现代客家研究者,以及在梅州地区生活过的外国人士,都曾经对客家妇女的勤劳俭朴做过大量的描述和赞美。

清人温仲和在其纂修的光绪《嘉应州志·礼俗卷》中称:"州俗土瘠民贫,山多田少,男子谋生,各抱四方之志,而家事多任之妇人。故乡村妇女,耕田、采樵、织麻、缝纫、中馈之事,无不为之。洁之于吉,盖女工男工皆兼之矣……古乐府所谓'健妇持门户,亦胜一丈夫',不啻为吾州之言也。"②

清人黄遵宪在他的《李母钟太安人百龄寿序》中亦曾对客家妇女勤劳俭朴的特点作过精辟的论述。③

黄遵宪历任驻日使馆参赞、驻英使馆参赞、新加坡总领事、美国旧金山总领事,长期的外交生涯和世界性的文化视野,使他站在了思想界的最前沿,他这段对客家妇女的概括,对客家妇女勤劳的赞美是很有说服力的。其实,黄遵宪早在19岁时,在写给其妹妹出嫁的一首诗中就已经表达了他对客家妇女勤劳的赞美:"就中妇女劳,尤见风俗纯。鸡鸣起汲水,日落方负薪。盛妆始脂粉,常饰

---

① 梅州市妇联编:《梅州妇女志》,1990年,第157页。
② 温仲和:光绪《嘉应州志》,影印版。
③ 见本书第13页所述,此不赘述。

惟綦巾。……客民例操作，女子多辛苦。"

也许有人认为，客家妇女的勤劳只发生在贫困家庭里，她们是因为生活所迫而不得不勤劳节俭的。事实上，许多出身书香门第、豪门富家的客家妇女同样勤俭。《大埔县志·风俗篇》中写道："妇女装束淡素，椎髻跣足，不尚针刺，樵汲灌溉，勤苦倍于男子，不论贫富皆然。"黄遵宪在他的诗集《乙亥杂诗》中，首先论及客家妇女的美德："世守先姑《德像篇》，人多《烈女传》中贤。若倡男女同权论，合授周婆制礼权。"在这首诗的附注中写道："妇女皆勤俭，世家巨室，亦无不操井臼，议酒食，亲缝纫者，中人之家，则无役不从，甚至务农、经商、持家、教书，一切与男子等。盖客人家法，世传如此。五部洲中，最为贤劳矣。"

徐柯编的《清稗类钞》题为《大埔妇女》的文章中写道："大埔妇女，向不缠足，身体硕健而运动自由，且无施脂粉及插花朵者。日出而作，日入而息，自奉俭约，绝无怠惰娇奢之性，于勤俭二字，当之无愧。其职业，则以终日铣足，故田园种植耕作者十居七八，凡下种、耘田、施肥、收获等事多用女子。除少数富户妇女外，无不上山樵采者，所采之薪自用有余，辄担入市卖之，居山僻者多以此为业。又勤于织布，惟所织者多属自用耳。其中道失夫者，更能不辞劳瘁，养翁姑，教子女，而曲尽为妇之道。至若持家务，主中馈，犹余事耳。总之，大埔妇女能自立，能勤俭而艰苦耐劳，诸美德无不具备。"

清末举人兴宁人罗蔼其在其《客方言》中，用诗吟咏嘉应州和大埔县的客家妇女："大埔客族如吾嘉，女勤耕种躬锄耙，纫缝缉绩兼纺纱，又复井臼樵权桠，农忙不顾婴咿呀……"①

客家妇女的勤劳节俭不仅在粤闽赣边客家地区被保留，就是远徙四川甚至海外的客家妇女亦是如此。早期的四川客家研究者钟禄元先生在他的《蜀北客族风光》中说道："客家人的妇女最勤苦莫过了，她们一般的体格都很健康，在未出阁时，读读书习习绣，有

---

① 罗蔼其：《〈化碧集〉题词》。

时协助母亲或学烹饪,或学纺织,一天到晚忙个不休,极少赋闲享乐……她们习惯了劳动,并不以为苦的。我们知道,寻常一般妇女,大都愿作男子的玩物整日涂脂抹粉,除了替丈夫生育子女外,衣食住行,一切都仰给予男子。惟有客家妇女,刷洗了这个耻辱,她们不但不依靠丈夫,大都能独自经营家庭生活的,她们因肯劳动,一切都有办法。如穿衣她们则自己种棉,自己纺织,自己制缝;食的问题,也是一样的就解决了,纯粹是'自耕而食,自织而衣'。再加上从事农村副产,如养鸡、鸭、鹅、蚕,或喂兔、羊、猪等,每年的收入也非常可观。她们的经济,满可以自给自足的。"香港文化人余柯先生在其《客家的由来及对历史文化之贡献》一文中说:"客家妇女真可作今天西方'妇解'的榜样。……客家妇女把独立生活、女性温柔都糅合在一起了。"

第四节 聪慧能干的客家妇女

美国传教士罗伯特·史密斯在《中国的客家》中写道:"比较客家的男子,妇女受教育的机会虽然很少,但她们多数很聪颖,她们在山中砍柴时爱唱山歌,常常是一问一答,应对如流。"确实,客家妇女大多聪明伶俐、热情大方,这些从客家山歌中就可见一斑。

据史料记载,梅州地区曾涌现过不少才思敏捷的女歌手。"客家山歌特出名,条条山歌有妹名。条条山歌有妹份,一条无妹唱唔成!"客家山歌的盛行,与客家妇女有着直接的关系。因为客家人大都居住在偏远的山区,男人多抱"四方之志",谋生于异国番邦,妇女则主要持家耕种。在封建社会里,她们很少有受教育的机会,加上传统礼教的束缚,婚姻不能自由,社会活动受到限制,她们只有用唱山歌的方式来表达内心的喜怒哀乐。客家妇女所唱的山歌,大都是反映她们在生产和生活中的感受以及男女之间的爱情。她们在唱歌、对歌中所显露出来的敏捷才思往往使文人学士折服。

客家妇女不仅聪慧,而且非常能干。在梅州客家地区,对客家妇女有著名的"四头四尾"之说:"家头教尾"(养育子女)、"田头地尾"(耕田种地)、"灶头锅尾"(家务劳动)、"针头线尾"(缝补衣裳)。这四项是客家妇女必须掌握的基本"妇功",按客家习俗,只有熟悉了这些"妇功",才算是能干的女性,才能嫁个好丈夫。与此相反,在客家地区,懒惰的妇女,则会被人讥笑为"懒尸婆"。客家地区有一首著名的民间歌谣叫《懒尸妇道》,专门用来讥笑和嘲讽懒惰的妇女。"懒尸妇道,讲起好笑。半昼起床,喊三四到。日高半天,冷锅死灶。水也懒挑,地也懒扫。发披髻秃,过家去嬲。讲三道四,呵呵大笑。田又唔耕,又偷谷粜。家务不管,养猪成猫。上墟出入,一日三到。煎堆扎粽,样样都好。冇(无)钱来买,偷米去教(交换)。老公打哩,开声大叫(音叫,哭)。去投外家,目汁(眼泪)像尿。外家伯叔,又骂又教。爷骂无用,哀(娘)骂不肖。转不敢转,嬲不敢嬲。送回男家,人人耻笑。假话投塘,瓜棚下嬲。当年娶她,用银用轿。早知如此,贴钱唔爱。"歌谣生动形象地说明了能干对于客家妇女的重要性。

房学嘉曾从民间对于"婆太"的崇拜,以及对大量古契约文书的研究,认为"粤东梅县传统社会中的妇女肩负着操持家务的重任"、"梅县客家女性在宗族社会中具有尊长的地位"。① 客家妇女特别能持家,客家地区有句俗语:"没有老婆不成家",这个"家"不仅指"结婚生儿育女",更重要是指在家庭中所处的特殊地位。由于梅州地区为多山地带,谋生不易,因此男人们多远走他乡,1951年梅县做过一个统计,男女比例是1比9,尤其在农村,几乎全是妇孺,形成"男外出,女留家;男工商,女务农"互补型的家庭模式。这种情况即使到现代也还是非常普遍,梅州地区的青壮年男人大都到珠三角等发达地区做工,而妇女则留在家中操持家务。

---

① 房学嘉:《关于女性在传统社会中地位的思考——以梅县客家妇女为例》,《妇女研究论丛》,2004年第4期,第47页。

客家妇女在家庭中是一家之主,主持家政。无论是对老弱的扶持、幼儿的教养、家庭的料理,或亲朋的应酬,计划充实家计之策,都无不做到美满周到。家务事更是概由女性包办,烹饪洗扫,纺织裁缝,等等,而客家男子极少承担家务。黄遵宪在他的诗作《曾祖母李太夫人述略》中描述了李太夫人管束全家的情形:"太夫人治家严,虽所爱,或不遂顺,辄怒责,或呼杖。诸孙妇十六七人,不许插花,不许掠耳鬓,不许以假发拖长髻尾。晨起如厕,必遍历孙妇室外。诸孙妇必于未明时严妆竟,闻太夫人履声,即出垂手立户外问安。或未见,辄问病耶?睡耶?咸惕急不敢违。……每岁十月,太夫人寿辰,必会亲戚,长幼咸集,酣嬉歌呼,作十日饮乃已,太夫人亦愿而乐之。"这种客家女性十分严格而又"俭而用礼"的治家方法,在梅州以前许多家庭中是普遍存在的。

梅州地区是全国著名的侨乡,旧时梅州客家妇女中许多人的丈夫"过番"出南洋,往往十年八载,甚至几十年没有一个钱寄回来,但是只要其家中有三两亩薄田,她们就能以惊人的毅力,克勤克俭,维持整个家庭的生活。可以说,在客家地区家庭大都以妇女为重点,妇女们在社会生活中的地位和作用是举足轻重的。

第五节 贤淑善良的客家妇女

日本历史学家山口县造在他所著的《客家与中国革命》中说:"日本妇女以温柔顺从著称于世,而客家妇女亦毫不逊色……客家妇女的温柔顺从是健康的,因为她们都能够独立生活。她们这样做,纯然是真挚的爱和传统的对丈夫的崇敬。"山口县造的这段话,充分表达了他对客家妇女贤淑善良品性的赞美。

客家歌谣《勤俭淑娘》中同样着重描述了客家妇女贤淑善良的优良品格:

煮得好好,敬奉爷娘。爱惜子女,如肝如肠。
仔细办米,无谷无糠。人客来到,细声商量。
腊肉灰舂,浸豆腌姜。欢欢喜喜,捡出家藏。

不说是非,唔好排场。担柴买米,唔怨爷娘。
唔嫌丈夫,肚饥上床。这等妇道,真真贤良。
有人学此,获福无疆。

谢重光认为,"贤淑善良与勤劳俭朴几乎是相伴相随,是客家妇女人文性格中互为补充的两个方面。客家妇女的温柔顺从包含了'孝顺公婆'、'敬重丈夫'、'疼爱子女'等内容。"①

客家人非常重视孝道。在客家竹板歌中有一首非常著名的《孝顺父母理应当》,其中唱道:

孝顺父母理应当,十月怀胎娘辛苦,
好比花木遇雪霜,嫩红面色都转黄。
爷娘恩典唔好忘,一出娘胎喊食乳,
一日食娘九到浆,二十过岁变老娘。
爷娘日夜挂肚肠,记得当初还细日,
三餐饭碗唔晓扛,羹还爱放白糖。
子女还细苦爷娘,爷愁家中无钱用,
娘带细子苦难当,睡尽几多屎尿床。
遇到冷天苦爷娘,被席拉倒净屎尿,
天气冻冷爱起床,冷到脚下颤呀上。
实在寒热也苦娘,寒天惊怕你冻倒,
热天同你拍扇凉,搅等行下又行上。
带子带女费心肠,无病无痛还过得,
有病有痛急爷娘,几多无睡到天光。
走到脚底大背脓,喊到医生来看病,
寻到钱来捡药房,千方百计望安康。
晓行晓走心也惯,怕你搞火会烫到,
怕你搞水跌落塘,怕你搞刀会割伤。
七岁送你入学堂,买纸买笔缴学费,

---

① 谢重光:《客家妇女人文性格及其历史成因》,《福州大学学报》,2005年第2期,第87页。

买鞋买帽做衣裳，宁愿自家喝粥汤。
记念子女水楝长，还细望你快长大，
大了又爱娶妻房，又爱整屋制眠床。
希望日后有春光，等到爷娘年纪老，
希望子女来赡养，竹头生笋望想长。
爷娘人人轮流当，有钱割肉也本分，
无钱言语顺爷娘，言语好过人参汤。
人人也爱奉爷娘，爷娘还生唔孝顺，
死了紧叫也平常，千拜万拜一炉香。
死别爷娘做病肠，大猪大羊来拜祭，
唔当还生食四两，还生食到过清香。
有些子女逆爷娘，恶骂爷娘老不死，
手指上额面霜霜，骂到爷娘真痛肠。
有些子女唔照常，脚底筋来一生硬，
讨了老婆丢爷娘，好食柄等亲爷娘。
人人养儿望春光，人人养儿望防老，
年年积谷防饥荒，互相照顾幸福长。
后生听哩敬爷娘，老人听哩添福寿，
细子听哩过乖张，歌子到此暂收场。

  这首竹板歌有的地方也叫《赡养父母》，讲的是父母养育子女万般辛苦，因此做儿女的应孝顺长辈。竹板歌是在梅州地区广泛流传的一种曲艺形式，因其深受大众喜爱，其教化意义也就显得更为深远，客家妇女就是在这样的熏陶之下，养成了孝顺的贤良品德。

  客家妇女还特别懂得敬重丈夫。山口县造认为，客家妇女的温柔顺从是健康的，她们这样做纯粹是出于真挚的爱和对丈夫的崇敬。从田野考察看，山口县造所论并非随便说说，而是确实，"在客家妇女心目中，丈夫是家庭中的顶梁柱、主心骨。一旦成为正式夫妻，她们便全力支持丈夫的事业，毕生辛苦而毫无怨言，真可谓'贤内助'。有的人丈夫出洋谋生，几十年才回来，而做妻子的仍

一直在坚贞自守，等郎归来。这些在梅州地区都是非常普遍的"。①

客家妇女疼爱子女主要体现在对子女的教育上。母亲是子女的第一位老师，这在人类社会虽是普遍现象，但笔者认为客家妇女在这方面表现得更为突出。梅州客家童谣云："蟾蜍罗，哥哥哥，唔读书，冇（无）老婆！"说的是不读书的人娶不到老婆。又云："月光光，秀才郎，骑白马，过莲塘……"是以月亮比喻秀才郎，意在说明只有读书人才能娶到漂亮的老婆。客家妇女虽因种种原因本身受教育不多，但长期受习俗及生活氛围的熏陶，她们大都聪慧、精明、热情、大方、有礼。她们将一代代相传下来的童谣、寓言、故事、山歌等再传授给子女，让子女从小就受到民间文学的熏陶。她们将自己耕田种地的经验传给子女，如"清明前后，种瓜种豆"、"鸡宿迟，会下雨；鸡早宿，好晒谷"、"冬至出日头，过年冻死牛"、"谷雨在月头，秧多不要愁；谷雨在月尾，寻秧不知归"等，让子女掌握农时，掌握生存的技巧。她们将生活的经验传给子女，让子女会精打细算过好日子。她们将古老的凝聚着客家民系精神的习俗传给子女，让子女在传承这些富有人情味的仪式中获得精神的寄托。她们将做人的道理教给子女，如勤劳方面："坐吃山崩"、"辛苦钱万万年"、"早起三朝当过一工"、"唔怕穷，就怕朝朝睡到日头红"等；如节俭方面："省比赚好"、"一餐省一口，一年省一斗"；如计划方面："吃唔穷，穿唔穷，无划无算一世穷"；如传统方面："宁卖祖宗田，不忘祖宗言"；更为重要的是崇尚读书方面："唔读书，冇（无）目珠"、"积钱不如教子，闲坐不如读书"等。这些富有人文精神的教育，形成了客家地区浓厚的耕读之风。这些都是客家妇女直接家教的功劳。另外，即使生活再困难，客家妇女也要送子女读书，所谓"讨食也要缴子女读书"，俗称"喉咙省出缴子读，只望孩儿美名扬"。

---

① 刘佐泉：《客家历史与传统文化》，河南大学出版社，1991年，第177页。

第六节　刚健果敢的客家妇女

在传统社会，客家妇女的一大特色就是不缠足。在以小脚为美的年代，客家妇女却崇尚以"天足"为美，偶有缠足者，倒会被人鄙视，嫁不出去，终身做"老站姿"。客家地区向来很少有固守闺房的小姐，而多是"出得厅堂，入得厨房"的健妇。《清稗类钞》中说："客家妇女向不缠足，身体硕健，而运动自如。"黄遵宪在《乙亥杂诗》中写道："窈娘侧足跋行苦，楚国纤腰多饿死。说向妆台供媚亲，人人含笑看梨窝。"在自注中写道："有耶稣教士语余：西人束腰，华人缠足，惟州人无此弊，于世界女人，最完全无憾云。"在太平天国运动中，就有很多客家妇女随队参战。她们打起仗来一点都不比男子逊色，就连曾国藩都气得大骂她们"大脚蛮婆"。在梅县传教数十年的美国传教士肯贝尔，在他的著作中载述："妇女不缠足，通常体健而轩昂，惟其如此，故能过其户外生活，乡村居民，比城市中者更能勇敢自如。"①

客家妇女除不缠足外，亦不束胸。祖籍梅县的世界著名女作家韩素音在她所著的《客家人的起源及其迁徙经过》一文中，全面地介绍道："客家妇女不缠脚，也不扎胸……一般是体壮高大，缺少仪容姣好的名声……但她们却解放了胸部和脚……客家妇女虽然不是迷人的，但由于她们的节俭、勤劳、洁净的生活和生动的辩才而受到称赞。她们用自己的奶喂孩子，轻视虚饰的美，必要时像男人一般地战斗……"② 正因为客家妇女不缠足的特点，郭沫若在1956年视察梅县时，曾热情洋溢地吟咏了"健妇把犁同铁汉，山歌入夜唱丰收"的诗句，对客家妇女大加赞叹。

在民主革命年代，梅州地区涌现了许多女英雄，从她们身上我

---

①　政协广东省梅州市文史资料委员会编：《梅州文史》第一辑，1989年，第142页。
②　在太平天国，洪秀全的妹妹洪宣娇同清军作战，打了一次大胜仗，并在太平天国地区解除了千千万万妇女缠足的恶习。

们也可以看到客家妇女刚健果敢的一面。

客家妇女刚健果敢的性格从她们传唱的山歌中也可以看出来。客家山歌既没有儒教礼法的虚伪，也没有深闺绣阁女子的矫揉造作，而坦露的是炽烈、直率的爱。如有一首山歌唱道"生要恋来死要恋，不怕官司打眼前，杀头好比风吹帽，坐牢好比逛花园"。据说这首山歌记载的是民国期间兴宁县一个才貌双全的寡妇与男人约会，被一个垂涎美色的地方官以奸情案把他们抓去并升堂审问，可敢爱敢恨的寡妇用一番山歌大闹公堂，反奚落这色官一顿。不仅历史上的客家妇女敢爱敢恨，当代客家人亦秉性不改。如在1990年的梅州山歌节上，79岁的山歌大师陈贤英女士即兴唱道："搭船来此鸳鸯亭，鸳鸯亭上会情人，可惜出世太过早，风流留给后生人。"客家妇女这种敢为情而死的开放精神与中原北方儒家传统文化下的男女情爱的压抑状况简直有天壤之别，其刚健果敢的形象分外突出。

第三章 客家妇女的生命礼俗

人生仪礼是指人在一生中几个重要环节上所经过的具有一定仪式的行为过程，主要包括诞生礼、成年礼、婚礼和葬礼。每一个人之所以经历人生仪礼，决定因素不仅是他本人年龄和生理变化，而且是在他生命过程的不同阶段上，生育、家庭、宗族等社会制度对他的地位规定和角色认可，也是一定文化规范对他进行人格塑造的要求。因此，人生仪礼是将个体生命加以社会化的程序规范和阶段性标志，也体现了在不同社区和民俗文化类型中的生命周期观和生命价值观。以下分节介绍诞生仪礼、婚嫁仪礼、脱离仪式。

第一节 诞生仪礼

诞生仪礼标志着一个人正式进入社会。

诞生仪礼是人生仪礼的一部分，是人一生的开端礼。在传统宗法社会，以父系制为中心，男子起着传宗接代的作用，因而普遍存在着严重的重男轻女观念，客家地区也不例外，由此导致生儿、生女是两番完全不同的景象。一个婴儿刚一出生，还仅仅是一种生物意义上的存在，只有通过为他举行的诞生仪礼，他才获得社会中的地位，被社会承认为一个真正意义上的"人"。诞生仪礼主要包括求子仪式、孕期习俗、庆贺生子三个阶段的内容，其中以庆贺生子为中心部分。在此三个阶段中，由于求子仪式与孕期习俗举行时尚不知婴儿的性别，因此也就谈不上男女婴的差别。预兆俗谓兆头，它是一种文化现象。客家传统乡村社会讲究兆头，对于不吉之兆，俗民有一套补救方法，为达目的，甚至不择手段，反正"天有缺地补之"，务求平衡。其中"生子谓之添丁"。当婴儿脱离母亲的

孕体，其性别一旦确定，男女婴的巨大差别便显现出来。

婴儿过的第一个元宵节，家人会做一个红灯笼到祖堂去上灯；双胞胎就要上两个。有的地方风俗，若生了儿子会在正月族人祭墓后在祠堂饮福时拿酒去给大家喝，有的还会为祠堂添置桌、凳等物。

在粤东客家地区，每年正月初八至十六为家族的"赏灯"节。客家人多半聚族而居，每个自然村，少则几户，多则十户八户、几十户乃至上百户。一个大家族，几代人或七八代人同住一座祖宗大屋，每座祖屋由始祖确定正月初八至十六的某一天为本家族的赏灯节。每到赏灯节，家族中热闹非凡，人来人往，亲朋满座。节期的第一个程序是迎花灯，花灯事先订购，上午10时许，全族男丁一齐出动，敲锣打鼓到县城或墟镇购买花灯，迎接回祖屋，在迎花灯往返途中，爆竹声、锣鼓声汇成一片，一些名门大族、富豪之家，还以醒狮龙灯助兴。花灯请回来后举族上下都围观此灯，把它悬挂到上堂神龛前，由族长主持升灯仪式，此时龙狮劲舞，鞭炮声震耳欲聋。第二个程序是请"花灯酒"，都在晚上摆酒席，费用由上年度添有新丁的主家捐款。出席酒宴的为族长、本族名流、德高望重者。新丁的父亲要参拜祖神，在花灯上添油，然后与族人同欢共饮，彼此道贺，预祝来年再添贵子。酒宴散后，即燃放鞭炮、烟花，把赏灯节的热烈气氛推上高潮。如此隆重、热闹的赏灯节是为谁举行呢？又是谁人去准备、迎灯、上灯与赏灯，谁人去享用丰盛的赏灯筵席呢？答案均是男性！只有生有男丁的家庭才有资格出钱赏灯，同样也只有男人才有资格参与这整个赏灯过程。

在欢庆生男添丁之喜的同时，却又演出生女溺婴的惨剧。反映出幼儿与幼女的两种截然不同的命运。溺女婴的陋习，在客家地区曾十分严重。在地方志中称"溺女成风"，"俗亦有溺女之惨"，"所迷溺而不迁者，莫若溺女"，"俗多讳养女，无贵贱贫富生辄溺之，习惯不怪"，"靡然成风，恬不为怪"。可见，在传统社会中，客家地区的社会各阶层已溺女成风，见惯不怪，以致积习难改。

现代社会提倡男女平等，加之山区民众的生活水平已提高很

多，经济条件许可，此外，因提倡计划生育，一对夫妇只生一两个孩子，因此，生男生女都是宝，即使是生女儿也有很多家人会为她做满月庆贺。

若小孩体弱多病，不易抚育，或者按地理先生所算，命比较硬，八字会冲克父母等，则会把小孩契给神明或者过房给别人。据房学嘉的调查，在梅州，把孩子契给神明的礼仪很简单，只需备一副果品、香烛，把孩子带到神明案前焚香祷告，报上孩子的姓名、八字，祈求神明牵带与庇护。主持的僧尼会用香灰给孩子抹额，并给孩子起一个契名，然后把孩子的姓名、契名、八字写在一长黄纸条上，放入专用的"长生袋"中。以后每年正月初一或神明的生日，前往烧香朝拜。有的契给神明的孩子还会跟佛爷的姓，如梅州地区阴那山灵光寺开基祖师佛姓潘名了拳，过契孩子都跟着姓潘，名字中有一个佛字，如佛佑、佛带等。所契的神明不同村落有所不同，比较普遍的是把女孩子契给"观音菩萨"、"天后"等，因为这些神明都被认为是保产育的女性神。契给上述神明的婴儿一般会在名字中出现"观"、"马"（因天后又称妈祖）或"林"（因天后的名字叫林默娘）等字。在梅州，若孩子契给神明，家人每月都会交给神宫或庵庙一些香油、财宝，庵庙的神职人员每月初一、十五则为契子拜忏，念长年金刚经，时间长短不等，一般到孩子5岁、9岁或19岁结束。

客家人普遍认为把孩子的名字取得越低贱，越有利于避去灾难，越有利于家人抚养他。客家女孩平素一般称"阿某妹"，"某"字为名字中的一字。这一习俗在广东、福建一带的其他民系也比较普遍。

第二节 婚嫁仪礼

在传统客家社会中，婚姻全凭"父母之命，媒妁之言"，故客家女子的婚姻毫无自主权。结婚年龄，早期流行早婚。如嘉庆《平远县志·风俗》卷二记载："数岁，即行定婚礼。"光绪《嘉应

州志·礼俗》卷八引王《志》记载："婚自幼小时即定。"光绪《上犹县志·舆地·风俗》卷二记载："婚礼,男女自幼媒妁通意。"我国古代重胤嗣,传宗接代的思想浓厚,因此早婚成俗。《汉书·王吉传》载:"世俗嫁娶太早,未知为人父母之道而有子。"在选择对象上,封建时代讲究"门当户对",论"门第"高低。如嘉庆《平远县志·风俗》卷二载:"婚礼,男女议婚,率重门楣。"因客家地区崇尚读书,因此要求议婚对象也重读书门第。但是,随着社会的进步,幼年定婚的现象逐渐有所改变。至民国时期,梅县就已普遍实行成婚制了。

"大行嫁"又称为嫁娶婚,旧时这种婚姻形式所占比例并不高,大多限于经济宽裕的家庭。据前人的调查、研究与比较,客家地区嫁娶婚的成婚过程,保留了较为浓重的传统礼制仪式。因而人们赞叹客家婚俗"近古"。我国古代的婚制,从择偶至正式结婚,有所谓"六礼"之制。六礼指的是纳采、问名、纳吉、纳征、请期、亲迎。纳采指的是男方请媒人向女方提婚;问名是指托媒人问女方姓名与出生时间,以便占卜决定男女生辰八字是否相合;纳吉是将占卜合婚的吉兆通知女方,属提亲订婚阶段;纳征者,成也,指的是男方将彩礼、嫁妆送往女家,婚姻关系正式建立;请期也就是择定结婚佳期,备礼通知和征求女方的同意;亲迎指男家派人或新婿亲自迎娶新娘。客家婚俗遵循六礼之制,但又有所变化,有所区别。不同的地方主要有两点:一是称谓不同。客家地区的"传庚",相当于六礼中的"问名";"定亲"、"下定"相当于六礼中的"纳吉";"行聘"、"大定"、"定茶"相当于六礼中的"纳征";"报日"相当于六礼中的"请期";"接亲"、"接嫁"相当于六礼中的"亲迎"。二是仪礼有所简化。如合纳采与问名为一,亲迎多半不举行,六礼的阶段性也不那么严格依序进行。这是由于古婚礼制相当繁琐,不适合日益加快的社会生活节奏的结果。

梅州的风俗在男孩长到16岁(虚岁)即谓之"上丁",女孩长到16岁(虚岁),即谓之"及笄",又称"出花园",就被视作是成年人,可行婚配了。这种成年初婚,即称为"大行嫁"婚姻。

传统大行嫁礼俗,由媒人穿引,男女双方约定时间、地点见面,会见形式主要有两种。一是男到女家会见,叫"看妹哩"或曰"看老婆"。男女婚姻牵线一般由媒人去活动,男方经媒人说合后,母亲带着准备娶妻的儿子和媒人一起到女家去看"老婆",俗谓"看妹子"。看妹子有时去几个人,除上述3人外,还要请做参谋的人一同去做"眼镜",他们可男、可女,要求有点文化、有生活阅历,更要有口才,如能略懂相理知识更好。看妹子时男方要事先通知女方家,使对方有所准备。如相中,由媒人通知女方家做午餐,资金由男方出;反之,男子要交女方红包即"面花钱",并付误工费给媒人。二是女到男家会见,叫"择新婿"。会见时,男子一定要送一个"红包"给女子。如果女子表示愿意谈婚,则回送一条手绢;反之,说明"此亲不攀"。在传统社会里,山区青年男女,到了婚龄找对象还得由老母出面从中参谋,即谓父母之命也。男女双方父母,认定自家儿女须婚配时,首先委托媒人物色对象。然后由女方写好女子出生年月日时的"庚帖",由媒人送至男方。男方父母接到"庚帖"把它放进盛米的"米缸"压放7天。如在7天内,该户未发生不顺意事件,女方"庚帖"即被接受,从米缸取出,连同男子"年生"一并交由算命先生占卜,如占卜认为双方命运不会相克,即可成功。

男家将女方"庚帖"卜吉后,将聘金酒肉鸡鸭果饼诸物送往女家,作为定亲之物。此即古礼的"纳吉"。有的名为"做定",如光绪《丰顺县志·风俗》卷七载:"继则名为做定,择吉日备礼银猪羊酒米等物,送至女家,答以袍帽书仪等项。"有的名为"实定",如道光《长乐县志·舆地略·风俗》卷四载:问名之后,"继则以聘金酒肉鸡鸭果饼诸物,凡数盒,敬祖者曰祖盒,余曰礼盒,谓之实定"。定亲意味着婚姻关系已开始建立,但还未最后确立。

按梅州习俗,确定亲事以后要先付定金,不然有可能被另一家"定走"。而定金的多少,则由媒人从中谈妥,择日叫媒人送到女家去,其时还须送去用红纸写明男子出生年月日的年庚;女家也要做一正式的年庚让媒人带回男家。

然后是"纳征"，即送彩礼作为聘礼，客家俗名称之为"行聘"，为方便起见，也有将行聘与聘期同时举行者，如光绪《丰顺县志·风俗》卷七载："将娶，数月前择定娶期，用聘银五十两至十两不等，如前物仪送至女家，答之亦如前，名为送聘。"

"请期"在客家地区叫法虽多，但差异不大。有的叫"报吉日"，如嘉庆《平远县志·风俗》卷二载："将娶，行聘礼，预报吉日。"有的叫"报日"，如道光《长乐县志·舆地略·风俗》卷四载："将娶，则择日请期，谓之报日。"民国《赤溪县志·舆地上·风俗》卷一载："将娶，复须请期，亦以鸡酒豚鱼备物而致诸女家，称之为报日，女家答之名曰允期。"在传统社会中，中上人家娶亲礼俗较繁杂，比如送定与确定婚期，均得媒人引导，派人送聘礼到女方家。聘礼主要有生猪一头及鸡鸭、海参、熟盆、生盆等。旧时，客家人婚嫁的聘礼，由女方提出条件，除聘金若干外，还会提出猪、酒、鸡、鱼若干，桔饼、糖果若干，尤其在农村，还要加上米、豆、粉、面若干；男方则提出要妆奁若干，由媒人在男女双方间调和讲定。之后，男女双方要写婚约，往往用书面形式，称"写婚约"或"写合婚字"。写字时要由男方备办盛宴。在城里则由男方送桔饼、糖果和布料、鞋袜、戒指或手表等到女家，女家回送帽鞋衣服给男方。有的还由男方请一两桌"订婚酒"。从此，女子便是男家的人了。桔饼、糖果与戒指或手表等物相比，虽然价值不高，但在文化层面上象征着吉利、甜蜜，因而是必不可少的。

"亲迎"，有的客家地区名为"接嫁"。早期有亲迎之习，晚期则多不行。如道光《长乐县志·舆地略·风俗》卷四载："《旧志》云：亲迎之礼，士大夫间或行之。今则无矣。"光绪《嘉应州志·礼俗》卷八也载："男不亲迎。"可见，今梅州及其属县五华客家地区，在清末道光、光绪之后已不行新郎至女家迎新娘的仪式。

迎亲的前一天下午，男家迎亲队伍前往女家，队伍的顺序是：
①鸣锣开道。即两人各肩扛一面大铜锣走在最前头。
②红彩。红彩是"迎亲队伍"的标志物。红彩用一条长红布，

两端系于两根带枝叶的竹竿上,两人各举其中一根并排而行。

③高灯。高灯是挂在大门外的一对大红灯笼,由两人各用高树架擎起,并排而行,编入队伍。因灯笼上写有堂号姓氏,一看便知是哪个姓的迎亲队伍。

④礼轿。礼轿是用红毡盖顶的普通轿子,两人抬,内坐一名10岁左右的男童,手捧"贴盒",贴盒内盛的是"礼单"和"红包"。礼单是写明男方送给女方全部礼品清单,红包则是男方送给女方敬祖以及有关人员的礼金,而且各有特定名称。

⑤吹鼓手。吹鼓手由8人组成,去女方时奏唢呐,敲打高鼓、斗锣、大钹,其旋律和谐而高亢。

⑥送礼队伍。送礼队伍由"且郎"组成,一般为18人,每2人为一组,共9组,取"久"之佳兆。9组由5架"槛"、4瓮酒组合而成。第一组抬"槛"盛整猪。整猪,是把大肥猪宰后刮毛开膛去脏留下的整个躯壳。整猪外表涂以食品红色,嘴含"长命草"、"柏枝"等象征喜庆之物。第二组抬酒。酒为红老酒,以瓮盛满,瓮身贴红"双喜",瓮口封以红花纸,红花纸边插满"长命草"、"柏枝"一类象征物,再以"酒架"裹而抬之。第三组抬"槛"盛整羊,整羊与整猪处理方法相同。有些地方也有牵一条生羊的。第四组抬酒,形式同上。后续各组,仍以"槛"、"酒"相间而行。叠放"槛"内的礼品,要尽量丰满、美观,还得用"长命草"、"柏枝"、"槟榔"等象征物加以点缀,既符合礼仪,又显出堂皇、大方的气派。

⑦最后是花轿压阵。

迎亲之日也就是女方出嫁日。临嫁,女方家宴请亲友以示女辞行之意,梅县俗名"轿下酒"。"轿下酒"的时间各地不一,有的是在中午,也有的是在新娘出嫁前一天晚上,缘于有些山村,亲友往来须翻山越岭、途程不一所致。女方以男方的酌礼办酒席,宴请对象是女家族亲戚和男家迎亲队伍的人。此日,亲友均来贺喜并赠以礼品,作为嫁妆的添益和附加之物,故名曰"附奁",或曰"添箱礼"。嘉庆《平远县志·风俗》卷二则载:"婚期前一夕,婿家

以彩舆鼓乐至女家,女家亲友,各有馈赠,俗谓添箱礼。"结婚宴请宾客,客家人俗称"请酒"、"食喜酒"。农村娶亲可以不请客,而嫁女不请则会被亲友责怪,因为男家送去大量的鸡酒鱼肉,女家必须请客谢礼才行。

新娘在出嫁的前日,要请一位好命的至亲叔婆伯姆(母)去给她"邦寒毛"("邦"为客方言,即拔之意,寒毛指面毛),并用线夹面颊上的"冬瓜毛"。梳头之后,就不能出门。

新娘出嫁那天早上,起床后先由本屋长辈,既懂礼节又有生活经验的中年妇女给其梳妆打扮,比较传统的是头戴凤冠,身穿蟒袍,脚穿绣花鞋,脸上垂挂珠帘,使人看不清面部。比较新潮的是穿红衣裳,戴上罗帕,新娘手中还拿有种子、扇子。凡新娘犯红沙(凶神恶煞)者,鞋上要别上针,过桥时把针丢到桥下,据说这样能制煞。新娘穿戴完毕由长辈亲人扶到祖堂拜别祖先。

出嫁得按择定的时辰进行。新娘从自己住的房间里出门,由父母、众族戚送上轿。新娘肩上挽一只皮袋,是装"上轿钱"的。父母、兄弟姊妹及亲朋会拿钱放入新娘口袋里。新娘出大门,父以酒淋轿顶,新娘上轿,父亲将拜祖先之茶和酒洒在轿边,说"茶香酒香,子孙满堂"。到了出发时辰,轿夫喊"高升"便抬轿起行。队伍里多了个"拖青"的,由一个男孩拖榕树枝或茶树枝(均要系红绳或红布)前行,意在驱邪。新娘轿是男家派来的,梅县等地乡俗新郎一般不去亲迎新娘,顶多派几位"且郎"——男孩子及一位代表男家的年长者,同花轿前往迎接。

新娘须由祖母或弟弟伴送。旧时婚礼中,新娘的弟弟扮演的角色相当重要,他是婚礼送嫁队伍中的男性代表。如无胞弟,也可外借一位男孩充当。新娘入男家大门的时辰由地理先生择定。若新娘到达男家后时辰未到,就要在路上休息。花轿进男方大门时,众人均得避开。新郎的母亲、姊妹均站在屋周围的菜园里等候,据说因园与缘同音,站在菜园里意为希望日后有缘,而父亲、兄弟则不必回避。新娘轿在大门的院子里停下后,新郎就上前去开轿门,先用扇子轻敲轿顶一下,再向轿假装踢一脚的样子,由男方家族中子孙较多的长辈妇女将新娘牵出轿（称牵新娘），另由牵新郎、新娘的人将他们带过茅火进至祖公厅里。进祖公厅门以前要将预先准备的一包五谷、枣子、钱币撒在地下，供围观孩童们去抢。新郎新娘入祖公厅后，先拜天地，次拜祖宗、长辈，再对拜，礼毕扶新郎、新娘回新房。洞房中双灯双烛，桌上有4只染红的熟鸡蛋，长辈敲去蛋壳，边敲边念："打卵团团圆，生子中状元；打卵康康确，生子满间角。"当他们喝酒吃蛋时，牵新郎、新娘的人会说"早生贵子"之类的好话。

男家在迎娶当日傍晚，要举行"挂帐"仪式。"挂帐"就是把洞房的蚊帐挂起来。按乡俗成年初婚的床由男家做好，摆入洞房。而被帐则由女方购置，列入嫁妆抬到男家，在迎娶当晚才"挂帐"。挂帐必请"好命"的中、老年妇女进行。挂帐者在挂帐时必须念祝颂词，例如，"蚊帐挂呀起，明年'养赖哩'（梅县客家话称生男孩为养赖哩）"，等等。

闹洞房乡俗叫"搅新娘"。开始是家官家娘（即公公婆婆）、大哥大嫂等接见新娘，新娘端茶给他们喝，按照丈夫的身份称呼他们。家官家娘在接茶时，要送个红包给新娘。接着新娘向其他在场亲朋敬茶，亲朋也要送一个红包，俗称为"捉鲤嫲"。敬茶后是一些搞笑节目，常会弄得大家捧腹大笑。村中一些比较粗俗的人会联合起来，你一言、我一语、一唱一和，先戏弄新郎新娘，后戏弄媒人婆，最后戏弄伴娘，要伴娘唱山歌或与本村歌手对山歌。

第二天一早，子嫂（妯娌）要给新娘盛洗脸水。新娘要在脸盆中放红包表示酬谢。新娘洗脸整妆后，媒人就单独带她去厨房"拜灶"，向灶君爷烧香，新娘虽进厨房，但是到第三天才能去煮饭。拜灶后媒人偕新郎、新娘到翁姑房间去拜父母，给父母敬奉清茶，在传统时代拜父母得下跪。

在传统社会中，新娘得在婚后一个月方可返回娘家，谓之"转妹家"。只能独自回去，而且不许在娘家过夜，当日须返回夫家。新娘初次"转妹家"，要备猪肉、豆腐，并要带些圆形麻饼，见着"上下屋"（即邻居）的小孩可以分送他们。新姑丈上门，则需在有喜事之便，才请他去。富裕之家一般待新娘"转妹家"后，就请新姑丈上门。新郎访问岳父母家，也要送猪肉去。

第三节　脱离仪式

脱离仪式又谓"通过仪礼"，意味着一个人最终脱离社会，给人生旅程划上一个休止符号。

一、安葬仪式

丧葬之礼，是人死之后，由亲属、朋友、邻居等人进行哀悼、追思、评价的仪式，也是殓殡祭奠的仪式。在人生各项仪礼中，丧葬之礼最为繁杂。

客家人的丧葬仪礼，沿袭传统礼制，故史称为"循乎古礼"。详见房学嘉《客家民俗》的"丧葬礼俗"部分，这里着重介绍与妇女有关的部分。

送终。在传统社会里，男女有别不但体现在家庭成员的日常生活中，而且还体现在其生命脱离仪礼中。在传统宗法社会，男人要在祖堂里断气①，俗谓"寿终正寝"，女人则要在她睡房里断气，俗谓"寿纳内寝"。对此，梅州俗民的解释是：只有祖宗血缘的裔孙才能在祖堂里断气。当老者"断气"时，做子孙的都应跪在该老者床前，号啕痛哭，称为"送终"。

穿寿衣。不论男女临死前都给穿上寿衣，其中，女子死，在其本人房间里穿；而男子临终时，得把他迁到正厅穿寿衣，因此又名"出厅下"。

停尸。人死后尸体在祖堂放的位置也有规定，按男左女右的规矩移放上堂屋正厅临时架起的床上，并用4根竹子撑起蚊帐罩住。男尸放在左边，女尸放在右边。在一些大宗族的祖堂，靠墙脚处往

---

① "断气"为客方言，此处意为脉搏停止跳动。

往还有界砖，作为停尸位置的标记。

报丧。在料理死者的同时，丧家得派人至族内及亲戚家告知死讯，俗称"报丧"。有的客家妇女死后，其娘家亲戚有不满情绪的常会借机生事，以致造成两家不和。如同治《兴国县志·风俗》卷十一载："惟妇人初死及将出殡，必遍告外家，男女蜂拥而至，人数众多，贤否不一。索帛，索酒食，索舆夫犒赏，借端滋扰，习为当然。有夫家实贫，而苛责饰终，强令厚葬者。虽素好之亲戚，一遇死丧或成嫌怨。"可见，虽然女子已出嫁，但娘家仍具有对其终生负责的极大权力，倘他们对死因有怀疑，则往往聚族出动加以干预，当然，也不排除其中有寻找借口敲诈勒索的。据说旧时大姓姑婆过身（去世）时，外家会对那些不孝子孙百般责备，刁难方法是让他们在大门口长跪，过了很长时间才去拉他们起来，甚至有破坏部分家私、器具等的行为。也正因为此，才有客家人的治丧乡俗中"爷死怕'屋跨'，哀死怕外家"之说，即"父死"由族内人主导治丧，"母死"则要听从母亲娘家意见治丧①。一般来说，孝家孝子、孝孙、孝妇们均会对死者娘家来人以礼相待，特别是对死者生前不孝的子媳会更加注意，以防外家对他们的责难。

买水沐浴。这仪式，各地习俗不一，或妻子，或媳妇，或女儿们去做。水买回后给死尸沐浴，用冷水洗，从田野考察看，沐浴这项工作通常由族中妇女们做。

入殓。入殓分小殓、大殓两种。时辰一到，把尸体抬进棺材里面，尸体由嫡系子孙抬，此时全体子孙要在场。大殓即把棺材盖上，钉上铁钉，这时不但子孙要在场，而且族中五服内的人也要到场。若是女死者，则外家的人要在场，死者遗容要经外家的人亲见后才可封棺大殓。如果遇上天气炎热，尸体易腐烂要"封统"②，必须事先通知外家。外家到来时，孝子孝孙孝女孝媳须在大门口跪着迎接，待外家扶起方能起身回灵堂。外家走到灵堂瞻仰遗容，然

---

① 民间曾有传说将女尸挖坑埋葬，但未见实例。
② "封统"为客方言，此处意为将新瓦踏成粉混合石灰、桐油将棺木内层密封。

后进行吊丧。吊丧即将香、烛、银钱烧给死者。

大殓之日，丧家请礼生写挽联、铭旌及轴。所用纸的颜色也体现男女有别，男用青色纸，女用黄色纸。其中写铭旌用的纸，男由族中买，女由外家买。

请谥。成服前还有请谥仪式。在中堂设请谥桌椅各一张，并准备好纸笔墨砚。在传锣三声之后，内外举哀，死者的亲友进入，主家写一张白帖，主持人带领死者家属哭请私谥①。若死者为男子，私谥由族长撰拟，若死者为妇人则由外家撰拟。谥是在人死后，根据其生前事迹为她立号，有劝善彰德之意。谥号有两字的如勤、操，有四字的如创、裕、淳、厚，均依其一生事业而定，几乎可以说是对其事业、性格、为人的高度概括。谥号拟定后写上铭旌，以后还会嵌上碑文。这一仪式同样要体现男尊女卑，即女性死者的谥号与死去妇女的姓氏一起写进神主牌，而男性死者的谥号则和真实名字（称为讳号）一起写进神主牌。

二、济度仪式

济度仪式，俗称"做佛事"、"香花佛事"，而梅县一带称为"做斋"、"做香花"。做斋的法师有男有女，男的叫和尚，女的叫斋嬷，他们中既有出家的，也有不出家的。和尚是佛僧，斋嬷是俗化的尼姑。客家妇女死后，丧家一般会请和尚、斋嬷一类的民俗职业者到家中做斋。客家地区的济度类仪式既受佛教文化的影响，又受道教文化的影响。在梅县、大埔、蕉岭等地，丧事都请和尚或斋嬷来主持，不叫道士，而五华县一带则没有那么严格。做斋名义上是祭吊亡灵的宗教仪式，实质上却是一场丰富多彩的民间艺术活动，在诵经时所唱的"佛曲"吸收了大量民间小调，在吊亡仪式中也插进许多技艺等。

---

① 在传统社会，人死后的谥号是由官方赐给。私谥指的是非官方的，由民间自行命名的谥号。

做佛事通常在请谥号后进行。做佛事时，排坛有一定的规则，以梅县丙村为例，排坛方法为：佛堂的正面挂"三宝图"，即儒释道三教教主像，两旁则挂二十四诸天像。民俗宗教职业者做法事时男穿黑袍女穿黑裙。和尚或斋嫲超度亡魂，念的经文叫香花书。和尚斋嫲念经如同唱哀歌，上半夜以唱念为主，下半夜以舞为主。仪式中的"打莲池"等宗教舞曲中由和尚与斋嫲轮流上场。做香花的唱词通常用双关语，为的是要让孝子们发笑。在梅县，为死去的客家妇女做一个晚上的佛事程序包括以下内容：起坛；下关；献饭；三辰苦；三卷忏；开光；打莲池；拜血盆；十王；拜坎；拜弥陀；拜井；送神。全部程序做完约是凌晨4时。

实际的展演过程会依死者的身份、孝家的经济状况及时间长短进行增改。

做香花仪式中也有体现男女有别的节目。拜血盆与打莲池是独为死去的客家妇女举行的，男的不举行。① 拜血盆是以唱为主的科仪。斋嫲坐在鼓旁随鼓点唱诵《血盆经》。拜血盆的目的在于安慰亡者，劝解生者，追忆往昔，祝福来日。拜血盆时，孝子手捧香炉，怀抱魂幡，不停地磕头礼拜。"拜血盆"取材来自"目莲救母"的传说。相传目莲的母亲死后被打入了地狱。目莲得知后决心到阴间打开地狱之门把母亲救出。但要打开地狱之门，一定要用佛祖的禅杖。目莲就跪求佛祖赐给他禅杖，佛祖被他的孝心所感动就借给了他。目莲到了阴司，手拿禅杖向地狱门一挥，门开了，里面的凶神恶鬼一涌而出。掌管地狱的阎王一怒之下把目莲告到佛祖面前。佛祖建议阎王把从地狱跑出的阴魂统统打入猪胎，让他们转世变成人间的猪。并惩罚目莲重投人间，变成屠夫，把猪杀死，使之重入地狱。目莲到了人间，杀了三年猪，从未间断。有一天，出现了一件奇怪的事，以往杀的猪，每头都得从猪栏里用力拖出，而且"哇哇"叫个不停，这天的猪却从栏里自动跳出摇头摆尾走到目莲面前，似乎在迎接他。目莲见状下不了手，决定不再杀猪了。

---

① 若死者是男的，打莲池与拜血盆改为打关灯。

此时在目莲面前出现了一个穿道袍的老者,他点化目莲:救母必须经过艰苦的努力,得闯过一道道难关。接着老者把那头未杀的猪点化成一老妇,要目莲护送到渺无人烟的地方,最后自然会免除其母亲重入地狱之苦。这就是目莲救母的传说。

打莲池是根据目莲救母的故事改编的。它是整个佛事的高潮。表演者有4、6、8人不等。和尚或斋嬷披着袈裟,一手拿缠着青手帕的锡杖,一手拿朱笔,站在法坛前方,面向莲池;与之相对的和尚或斋嬷,身披红袈裟,手拿红布锡杖、红布朱笔;其他出场的和尚或斋嬷均身穿黑僧袍,或拿大钹,或拿小锣等。打莲池时"目莲"与持钹师傅依据剧情安排,主体互动。先是"目莲"围绕莲池一路寻找母亲,以持钹师傅引领队列;后到打开地狱门时,打钹师傅立于法坛边缘,"目莲"才成为队列的主体。"目莲"进入地狱门后,要渡孤施食。①

科中称目莲为"地藏目莲师",也"延请优婆姨至家启建法事道场","弟女秉佛祖印,左手持锡杖,右手托明珠,打破三千二千银世界,开二九一十八重铁围山救母拔亡母"。在恭请的诸神中威力最大的并不是佛祖如来及观世音菩萨,而是普庵祖师,因为香花弟女做佛事时必须念普庵神咒才可驱邪赶鬼,否则无效。这从其所念文中可反映出来,"南无普庵祖师菩萨……南无南泉山池花苑普庵悉威大德师菩萨摩诃萨,弟女念起普庵神咒迦迦俱,邪神邪鬼不敢抵;弟女念起普庵神咒俱俱迦,邪神邪鬼不敢惹;弟女念起普庵神咒悉但章,邪神邪鬼不敢当";"普庵神咒念起一十八个迦迦俱俱娑婆诃";"今晚佛地普庵到此百无禁忌,普庵神咒遍庄严"。

"血盆"剧情围绕目莲救母,教育后人要孝敬父母而展开。全剧分成四场:②

第一场主要叙述亡灵在阳世带子女的艰辛:"一日食着你娘三

---

① 据房学嘉的调查研究,梅县丙村盘龙宫主持释佑珍报告,此科是香花佛事中的基本节目之一,反映目莲救母历尽千辛万苦的故事。
② 科仪资料保持大量的客家语言与俗语,对研究地方民俗有参考价值。

次乳，三日食娘九次浆，点点食娘身上血，娘今老了面皮黄，娘乳不是江河长流水，不是园中苦麦黄豆浆，父母思量子女好比长江大浪水，子女思量父母有个担干竹节长。"

第二场主要叮嘱亡灵阴曹地府邪恶多："一拜去到阴司路上有个滑台岗，滑台岗上你爱小心行，滑台岗上琉璃瓦上白茫茫，今日梦香合掌来礼拜。""二拜去到阴司路上有个卤箕岗，卤箕岗上你爱小心行，百草生来多碍路，莫来挽烂娘衣裳。""三拜去到阴司路上有个蝴蜞岗，蝴蜞岗上你爱小心行，蝴蜞蚺蚺晰晰缩缩乒乒乓乓吓得娘惊怕。""四拜去到阴司路上有个恶蛇岗。""五拜去到阴司路上有个虎狼岗。"六拜缺。"七拜去到阴司路上有个雪山岭。""八拜去到阴司路上有个渡子岗。""九拜去到阴司路上有个奈何桥。""十拜去到阴司路上有个泰山门，泰山门下挂金牌，上挂金牌娘有姓，下挂金牌娘有名，把笔判官援簿看。"等。

第三场叙述亡灵在阳世生儿育女时的十月怀胎之苦。香花科仪书中写道："十月怀胎人将生，娘在房中喊王天，牙齿咬得铁钉断，脚下绣鞋磨得穿，你爷听到心惊怕，即将洗手来烧香，祖宗堂前先告祝，靠神保佑得平安，灵前油烛井井光。"

第四场为阳间子女代亡灵解厄，忏悔一生罪过，如杀生等。

三、二次葬

人生脱离仪式中最后一次反映性别文化的是二次葬做墓刻碑。死者下葬后10年左右，其后人会把棺木打开，取出骨头放在金罂中，选好风水宝地择吉日下葬，称为"二次葬"或"捡骨葬"。民间认为，开棺的时间不太严格，但做坟落葬的时辰则很严格，为了取一个好兆头，二次葬时要择一黄道吉日进行。

客家妇女死后，在墓碑上均被尊刻成"孺人"，男子称为"公"。清代黄钊的《石窟一征·礼俗》卷四中曾考其源流："俗不论士庶之家，妇人墓碑皆书孺人。按：《曲礼》生曰妻，死曰嫔。嫔者妇官之称，死者皆得称乏，亦饰易名之义也。《朱子语类》九

十无爵曰府君夫人,汉人碑已有,只是尊称之辞。纪文达《景城纪氏家谱》序例士庶亦曰夫人。据《朱子语类》云,则孺人之称固其宜也。又,男子墓碑称公本汉故民,吴仲山碑称吴公洪适,曰故民者物故之民出。"由此可见,客家人在墓碑上称妇女为孺人、称男子为公是虚饰之辞,旨在以此提高死者生前的身份与地位。

第三章 客家妇女的生命礼俗

第四章 客家妇女的婚姻文化

客家妇女的婚姻文化丰富多彩，第三章"客家妇女的生命礼俗"的"婚嫁仪礼"介绍的只是一个方面。本章主要内容有"客家妇女的婚姻形态"、"槟榔与客家婚俗"、"客家妇女婚姻形态个案"。从抽象到具体，将在介绍客家妇女的各种婚姻形态的基础上，就传统婚礼中具有特殊意义的槟榔作一诠释，继而介绍婚姻形态的个案，为的是让读者更好地理解客家妇女丰富多彩的婚姻文化。

第一节 客家妇女的婚姻形态

在传统宗法社会，客家地区的婚姻形态有大婚（又称嫁娶婚）、童养媳婚、隔山娶、二婚亲、冲喜亲、换亲、赘亲、转亲、典妻等。

嫁娶婚是客家妇女的主要婚姻形态之一。嫁娶婚的过程遵循传统"六礼"，相当繁琐，其仪礼详见第三章，此略。

一、童养媳婚

童养媳婚是客家妇女的主要婚姻形态之一。旧时客家地区收养童养媳的现象比较常见。童养媳婚是指把他人的幼女抱到家中养育，待长大成人后与自己的儿子相配成亲的婚姻形式。童养媳婚乡俗叫"抱细心舅"或"抱细妹哩"。"细心舅"是客方言，指小媳妇。

从田野考察资料看，大部分童养媳从小在夫家长大，在婚配以

前,与养母是母女相称,在幼年时期还与养母同床共枕,而与丈夫则是姊弟或兄妹相称;待到婚龄,由父母做主安排结婚,俗称"圆房"。圆房时间一般安排在除夕之夜。这种婚姻几乎可以说不需举行什么仪式,不需大肆铺排宴客等,不管双方是否同意,反正到时父母将他们反锁在房间里过夜即算结婚。在传统社会中,这种婚俗不仅在粤东梅州地区很普遍,在闽西、赣南等地也很普遍。据梁德新对梅县仙口村梁姓婚姻状况调查,50位70岁以上的老人中就有40位属此类婚例。张泉清对五华县华城镇永兴村张姓婚姻状况调查,已婚33人中,童养媳17人,占51.5%;17个童养媳中,只有一个长大后因其丈夫残疾而外嫁,其余皆与丈夫"圆房"成婚。

有的家庭生了男孩,若孩子断奶之前刚好有人家卖女婴,经面见后觉得满意就将她买下来,称这种童养媳为接奶尾的"细心舅"。光绪《嘉应州志》载:"州俗婚嫁最早,有生仅匝月即抱养过门者。故童养媳为多。"黄遵宪在诗中说:"多童养媳,有弥月即抱去,食其姑乳者。"这是因为女婴在襁褓中就被抱来,在"婆"家生活,甚至吃"家婆"的奶水,在"家婆"的背上"背"着长大,因而产生一种特殊的"亲情",从而对婆家忠贞不贰。这一点,很可能就是童养媳成婚率很高的原因之一。

文献资料显示,客家地区的童养媳大量存在。如嘉庆《平远县志》载曰:"近则女孩始生,即有抱养为媳者,始犹贫俭之家倡行之,今则士大夫家亦以为便。"从中可看出收养童养媳无论在贫困之家还是在士大夫家均普遍存在。同治《赣州府志》曰:"多童养媳,每在髫龀或哺乳时入门,略具花烛仪,及长,择吉祀祖而配之,谓之合帐,虽不备祀,而贫家可免溺女之患。"至今在客家地区做田野问卷调查时还可遇到不少曾做过童养媳的老年妇女。学者们的调查也显示出童养媳婚在客家地区占有很高的比例。

笔者选取梅县的添溪村、耕和村、大美村进行田野考察,经资料统计,童养媳成婚率达到72.67%,比闽西客家地区高出

2.67% ～ 12.67%①。

表1 梅县耕和村、添溪村、大美村童养媳成婚率统计表②

（单位：人，统计时间：2000/8）

A组：76～100岁年龄段 受访人出生时间为1900—1924年						A组：65～75岁年龄段 受访人出生时间为1925—1935年					
耕和村		添溪村		大美村		耕和村		添溪村		大美村	
受访数	童养媳成婚数	%	受访数	童养媳成婚数	%	受访数	童养媳成婚数	%	受访数	童养媳成婚数	%
71	55	77.46	36	33	91.67	58	22	37.93	76	62	81.58	92	88	95.65	46	25	54.38

表1分A、B两个组。A组为"76～100岁年龄段"的童养媳成婚率：耕和村为77.46%，添溪村为91.67%，大美村为37.93%。A组童养媳成婚率平均数为69.02%。据A组受访者反映，她们均与其养兄结婚养儿育女，家庭比较稳定。B组为"65～75岁年龄段"的童养媳成婚率：耕和村为81.58%，添溪村为95.65%，大美村为54.38%。B组童养媳成婚率平均数为77.20%。B组的受访者，成长于抗日战争与解放战争期间，至1949年，年龄分别在14～24岁之间，适逢政府推行新婚姻法，提倡婚姻自由，未结婚者，大部分另择夫婿；已与养兄结婚者，如感情不是很深，也自认年轻而离婚再嫁，"上午刚刚办完离婚证，下午就办结婚证"者不乏其人（何国强，2000），所以，这一年龄段的家庭最不稳定。

取A组与B组的平均数再平均作为上述三个村童养媳成婚率：73.11%。

上举两组童养媳成婚率在粤东客家地区有无代表性？其他地区的童养媳成婚率是否一样高？为了进一步说明问题，下面再以梅县

---

① 该资料主要来源于华南计划的田野问卷调查。
② 资料来源为笔者根据问卷统计。

益昌村、瓜园坳村、山口村三村列表2分析,将蕉岭县上南村、丰顺县大竹园村、紫金县竹园村3县3村为考察对象列表3,看粤东其他地方的童养媳成婚情况。

表2 梅县益昌村、瓜园坳村、山口村童养媳成婚率统计表①

益昌村			瓜园坳村			山口村		
受访数	童养媳成婚数	%	受访数	童养媳成婚数	%	受访数	童养媳成婚数	%
24	16	66.6	106	70	66.0	50	40	80.0

表3 粤东蕉岭、丰顺、紫金三地童养媳成婚率统计表②

蕉岭县上南村			丰顺县大竹园村			紫金县竹园村		
受访数	童养媳成婚数	%	受访数	童养媳成婚数	%	受访数	童养媳成婚数	%
28	22	78.6	38	35	92.1	20	10	50.0

将表2、表3的6个考察点童养媳成婚率再取平均数代表粤东4县的童养媳成婚率为72.22%。

为使考察的数据更接近客观,将表1、表2与表3的平均数再取平均值代表粤东梅县客家地区旧时的童养媳成婚率为:(73.11%+72.22%)/2=72.67%。

20世纪三四十年代的抗战期间,有相当多潮汕难民避难梅县。难民们把女婴卖给本地人做"细心舅"。那么这些"细心舅"童养

---

① 资料来源:梅县益昌村据陈干华《客家农村婚姻家庭稳定性的比较研究》;梅县瓜园坳村据侯国隆《关于旧时梅州童养媳问题的探讨》;梅县山口村据梁德新《松口山口村的人生礼俗》未刊稿。

② 资料来源:蕉岭县上南村据林清水《粤东蕉岭县新铺镇上南村民俗调查》;丰顺县大竹园村据何国强《1950年前后八乡山区的情人风与改嫁潮》;何国强《五华县文葵镇里江管理区万屋寨调查报告》,载黄淑娉主编《广东族群与区域文化研究》;紫金县竹园村据李泳集《性别与文化:客家妇女研究的新视野》。

媳的地位如何呢？据谢重光所著的《客家文化与妇女生活——12—20世纪客家妇女研究》所载：童养媳的社会地位很低。养家通常不把她们当自家人看待，视为奴婢，衣不遮体，食不果腹，蓬首垢面，萎蕙惊恐，连未成婚的小丈夫也可以随便欺负她。有的童养媳甚至被虐待致残、致死。有的配偶五官不端正，人品不好，或弱智傻瓜，也无法摆脱，只好自认"命不好"，受一辈子折磨。

二、其他形态婚俗

1. 隔山娶

隔山娶是侨乡的一种特殊婚姻形式，这种婚姻在客家地区以闽西永定和粤东梅州最为常见。未婚青年男子出洋后，在家父母帮他娶媳妇作"看家婆"，名为"隔山娶妻"。所谓"山"，系旅居南洋的人称家乡为"唐山"。隔山娶既为家中添一个劳力，当父母年老时又有人照顾服侍。隔山娶由于新郎不在家，举行婚礼时一般提一只公鸡代替新郎，与新娘举行拜堂仪式。

按五华县乡俗，隔山娶新婚之夜，由于新郎"缺席"，则用雄鸡代替。捉只雄鸡，脚缠红绳，用鸡笼罩在床上，当作"新郎"陪伴新娘。据说，此俗在20世纪30年代还存在，当时五华县一位社会名流因不满家庭包办婚姻，缺了婚席，其家人就以雄鸡代新郎与新娘举行婚礼。① 旧时采用这种婚姻形式的大多为家境中等以上者。还有的是家中有年老父母需照顾，而劳动力又少的，需要娶个"看家婆"，以维持家中劳动或看管财产。"看家婆"徒有为人妻子的虚名，实际上往往终身守寡，自己无儿无女，最后只好买儿女抚养。

2. 等郎嫂婚

等郎嫂是另类的"指腹为婚"，缘于有的人家未养男孩或男孩夭折，从他人家中买个小女孩回来养育，尔后又用过继、兼祧或收养男童等方式，找到男子与她成婚。其间，女方像带小弟弟一样服

---

① 据笔者访问五华县华城镇80多岁的张泉清先生介绍。

侍未来的丈夫。

一些婚后久未生育的人家，先行抱养别人的幼女，等待自己生子为其相配为夫妻。这种婚姻的特点是女性的年龄大于男性，甚至出现"十八女子三岁郎"的畸形现象，造成许多家庭悲剧。倘若男家没有生男孩，等不到郎，等郎嫂长大后，或是招郎，或是外嫁，由男家做主。有的郎夭折了，等郎嫂竟被迫与公鸡或碓子拜堂行婚礼，守寡一辈子。因此，等郎嫂婚给女方带来巨大的精神痛苦，造成夫妻不和。不少山歌把这种现象描绘得淋漓尽致，如其中一首唱道：

> 十八妹子三岁郎，夜夜要我抱上床，
> 睡到半夜思想起，不知是儿还是郎。
> 隔壁叔婆你要知，等得郎大妹老哩，
> 等得花开花又谢，等得月圆日落西。
> 十八娇娇三岁郎，半夜想起痛心肠，
> 等到郎大妹又老，等到花开叶又黄。

3. 花囤妹婚

童养媳长大后，不与家中"原配丈夫"成婚，养父母把她当作养女另行婚配，俗称"花囤妹"。其婚礼与"大行嫁"类似，但规格要低。人家女儿出嫁，在厅堂上轿，而花囤妹出嫁，只能在门前禾坪上轿，以示尊卑有别。花囤妹出嫁后可以"两头行"，即同时认养父母和生身父母为父母。与此相类似的还有"食荤女"婚，指童养媳长大后，不由养父母主持成亲而回娘家再嫁。

4. 入赘婚

女儿或童养媳不出嫁，招男子到家与之成婚，称为入赘婚。俗谓"招老公"。这种婚俗的起因，从女方来说，一是家中没有子嗣，招婿以继香火接嗣传代，并防穷养老；二是女方家中有种种困难，乏人照顾，招婿以服役；三是因女儿不忍离开父母因而招婿入赘。从男方来说，主要是因家境贫穷，无力娶妻，只好上门入赘。在男权社会里，正常的婚姻是女子嫁到男方家中，这种男子"嫁"到女方家中的入赘婚被认为是传统地方文化的遗存。结婚仪式比较

简单。在手续上,一般男方必须立下字据,说明入赘后改从女方之姓,子女也从母姓;有的男方本人虽不改姓,但子女也须全部或部分从母姓。

5. 二婚亲

女子结婚后,因夫亡或与丈夫离异再嫁者,称为二婚亲。因受传统礼教的束缚,族法宣扬"好女不事二夫",以再嫁为耻,故对二婚亲相当歧视。再婚的仪式与初婚相比要简略得多,不坐轿,不拜祖,也不举行拜堂仪式。若男女双方互不认识,由男方媒人与女方叙谈。双方同意后即由媒人与男女双方的主持人商谈价钱。离婚的妇女由娘家父兄主持,而夫死之孀妇由原夫家的父兄主持。再嫁时有不少禁忌,如不得从正门走出去,须从侧门出,徒步走到男家,并从小门进入,与正娶的结发夫妻大不相同,从中体现了两者不同的社会地位。女人不论何种原因而离婚,都被认为"衰命",她们再回到娘家居住会受本屋人及族人的鄙视。娶再婚妇,除身价外,还有一种额外的支出,男方要在女方的亲房伯叔在婚书上签字画押时,发给在场者每人一个红包。有的女方伯叔刁恶,会索取高额红包,若男方不付,就会多加阻挠。为了办成婚事,男方只好尽量满足他们的要求。

6. 换婚

换婚又称"换亲",一些生有儿子与女儿的家庭,儿女长大后,因家境贫穷,无财力谈婚论嫁,于是物色儿女双方年龄相当的家庭,经介绍人撮合,两家结成亲家,双方儿女互相婚配。

7. 纳妾

纳妾俗称"讨小"。讨小的家境一般尚可,由于妻子不能生育或仅生有女儿,为家庭的血脉传承考虑纳妾以生儿子。也有一些富裕之家喜新厌旧而纳妾,甚至有娶好几个小老婆的。纳妾大多只举行简单的婚礼仪式,甚至有直接用钱购买的。妾在家庭中大多地位不定,一般是比较低下,既无权力,又需承担较为繁重的劳务。

8. 典妻

男女成婚后,由于家境贫困潦倒,还不起债,丈夫便把妻子当作财物典当他人，以便还债。典妻赤裸裸地体现出传统宗法社会妇女的地位低下，丈夫把妻子当成物品，而不是有血有肉有感情的人。

9. 冲喜婚

女子订婚之后，若婚期未到而未婚夫病重，按照迷信的观点，可以用结婚的"喜事"冲掉"邪气"，因而提前匆忙结婚。其结果往往使一些年轻女子，冲喜之日即成守寡之时，成为封建迷信的牺牲品。

10. 转房婚

转房婚又称"转亲"，指男女成婚后，男的因病或其他事故死亡，经家人相商并征得女方同意转嫁给丈夫的哥哥、弟弟或同族的堂兄弟。转房婚是古代当地人收继婚文化的遗存。

随着新中国的成立，国家取缔了不合理的婚姻形式，规定男女平等，实行一夫一妻的婚姻制度，婚姻必须在男女双方均自愿的基础上缔结，客家妇女从封建桎梏下解脱出来，上述忽视妇女的幸福与权利，把妇女当成物品，当成传宗接代工具的婚姻形式也成为历史。

11. 冥婚

冥婚是中国民俗文化中一种古老而又奇特的婚姻形式，至今仍在某些地方流传。在传统社会，粤东梅州地区冥婚相当流行，而且当事人还不分阶层，不论贫富。冥婚既有活人嫁死人，或死人嫁活人，也有死人嫁死人。在文献中多被记为"幽嫁"、"幽贞"、"幽房"、"冷铁墓"、"贞烈"、"幽烈"、"节范幽贞"、"择幽房"等，民间谓"嫁棺材"、"嫁魂魄"，大多是指将女亡灵嫁给活新郎，或活新娘嫁给男亡灵，其目的是希望在生命的彼岸，可以享受后嗣的祭拜，以免成为孤魂野鬼，作祟活人。①

从田野考察资料看，传统社会在强调婚约的神圣性的同时，又向我们展示地方性的传统文化。换言之，在山高皇帝远的地方，传

---

① 详见房学嘉《从"幽嫁、幽烈、幽贞"看粤东梅州冥婚》未刊稿。

统婚约也是可以变通的，如《光绪嘉应州志》载："谢景岳妻张氏，幼许字谢，未嫁，而景岳殁，年十八，父将议昏（婚）他姓，女泣曰，儿许于谢，即为谢家妇矣，有翁姑在，愿代夫事之，父知不可强，归谢。"等即是地方特色的佐证。

　　当然，应该看到，确有一些妇女是在夫死后坚持下来，成了"节范幽贞"的典型，如"谢荣安妻罗氏，夫自幼外出，年十二，夫卒，家贫无依，抚育夫弟荣坤，一日归宁，父母劝其他适，罗大骂不止，即返夫家，自是数十年绝不归宁，后荣坤生子立为嗣，年九十一终"，"钟杜公妻熊氏，三岁适钟，十二岁，夫殁，时氏家仅一姑耳，贫极，人皆为氏怜，而氏矢志守节，日耕夜织，竭力奉姑，数十年不倦"，"杨奎泉妻萧氏，三岁于归，八岁，夫逝，不改嫁，奉夫主□于先人寝祀，家贫，自食其力，至六十六岁卒"，"李凌云妻梁氏，甫周岁归李，年十一，李殁，翁随见背，家素贫，氏誓不改嫁，侍一老姑，孀居数十年，勤女工度活"，她们一如常人，照样孝敬翁姑，立家族或宗族子侄为嗣，但就掌握的资料看，这类现象毕竟占少数。

　　总的来说，冥婚是中国传统宗法制度的另类形式的延续，或可认为是传统婚姻形式的一部分。就田野调查而言，由于近来卫生环境的改善及经济生活水平的提高，冥婚的例子虽有日愈减少的趋势，但它并没有完全消失。甚至在最近还出现年轻男女的一方因意外丧生，而在双方家长安排下举行冥婚的事例。① 冥婚作为一种风俗，在中国乃至整个东亚地区已经流行了几千年，不仅乡村俗民有

---

① 在台湾台中县外埔乡，2004/8，一名男子搭载女友出游，不幸车祸造成女友丧命，因男方家贫拿不出百万赔偿金，最后经调解，以冥婚为条件达成和解。在香港，据东方网2004/10/5消息：叶某与女友许某原本打算明年缔结白头之约，不料女友却突然命丧浴缸，令叶某痛不欲生。尔后，叶某在世界殡仪馆为女友布置灵堂时，仍未能平复丧"妻"之痛，当香港记者在他面前提起女友名字时，叶忍不住落下了男儿泪，并称有可能与女友完成冥婚。在河南，据《中国民政》杂志1994年第10期《"鬼婚"闹剧》介绍，90年代河南等地有4个冥婚案例，涉及的对象有大学生、乡镇富商、曾下放农村的省城老干部等。

做冥婚,现代化大都市的酷男靓女同样也有搞冥婚的。甚至有的不良之徒为满足社会上对冥婚的需求而谋财害命。① 这些个案从一个侧面说明了传统社会祖先崇拜的重要意义及民间对鬼的恐惧。因此,冥婚作为一种流行了几千年的文化习俗,很难指望它会立即消失,所以我们有必要进行更深入、更准确的调查研究。

第二节 槟榔与客家婚俗

槟榔作为一种热带水果,其产地主要分布在现在的岭南、越南、中印半岛及南洋群岛。《诸蕃志》卷下"槟榔"条对槟榔的产地、种类及功能有详细的记载:"槟榔产诸藩国及海南四州,交趾亦有之。春取之为软槟榔,俗号槟榔,鲜极可口;夏秋采而干之,为米槟榔;渍之以盐,为盐槟榔;小而尖者为鸡心槟榔;大而扁者为大腹子。食之可以下气。"② 杨孚的《异物志》载:"古贲灰,牡蛎灰也。与扶留、槟榔合食然后善也"。关于广东地区槟榔在婚嫁礼俗中的重要作用的文献记载,最早出现在清人屈大均的《广东新语》:"粤人最重槟榔,以为礼果,款客必先擎进。聘妇者,施金染绛,以充筐实。女子既受槟榔,则终身弗贰。"③ 根据文献记载,槟榔礼俗在粤东客家地区的流行大致在明代中期至清代初期这一时段。明嘉靖三十六年《大埔县志》卷之七《礼乐志·民俗》载:"婚礼,以槟榔为聘,父母送女之婚家。设乐、张宴亲迎之礼,惟一、二士夫家行之,其最美者,不论财也。"明崇祯十年《兴宁县志》卷一《风俗》载:"婚礼用果酒、花烛、槟榔、菱、果饵、筐筐、锡镯、鸡鹅之属为聘,男家请有德长者到女家交聘,礼归婚行。"康熙《程乡县志》卷之一《风俗》载:"婚姻以槟

---

① 据《山西晚报》2004/10/30 报道:霍州妇女汤某数月前听说某家一具女尸给别人做冥婚卖了数万元,于是财迷心窍,竟将邻家 12 岁的女孩骗出学校害死,卖到洪洞县配冥婚。这真是一桩奇案,它发生的背景正是冥婚仍在山西省流行的现实。
② 王四达:《闽台槟榔礼俗源流略考》,载《东南文化》1998 年第 2 期。
③ 屈大均《广东新语》(卷二十五),中华书局,1985 年,第 629 页。

榔、笋酱、帛、铨钿为质,千金之家,聘仪奁资多不滥百,贫者并不以财为礼焉。"相邻的潮州地区也有相关的记载。康熙《海阳县志》卷之三《风俗考》载:"(潮俗)喜食槟榔,嫁娶以之为礼。"康熙《饶平县志》卷二《风俗》载:"叙会以果酒为礼,婚姻以榔蒌为聘。"乾隆《潮州府志》卷十二《风俗·嫁娶条》载:"聘礼用金银羊酒果,男尚亲迎,女尚厚奁,每至崇饰过度,不得宁俭宁固之意。惟贫家不亲迎,其行聘则槟榔、笋叶、鸡酒而已。"而在此后的一些文献记载中,婚礼中用槟榔行聘的礼俗减少,取而代之的是槟榔礼盒的盛行。如范咸《台湾府志》称台湾汉人婚聘用:"礼榔双座,以银为槟榔形……贫家则用干槟榔以银箔饰之。"① 兴宁人罗师扬在记述家乡兴宁民国婚嫁习俗时也说:"婚嫁行聘用槟榔盒一对。"② 余流在谈到粤东潮汕地区民国时期婚嫁习俗时也讲到:"稍有钱的人家,嫁女的妆奁中一定有一个锡制的槟榔盒。因形似鼓,故称槟榔鼓。"③ 综合上述文献分析,槟榔礼俗是整个粤东地区自明代中后期到民国时期一直流行的一个婚嫁习俗。

粤东地区婚嫁中槟榔礼俗的产生首先是粤东地区特定的地理环境下的产物。

槟榔礼俗的产生是粤东地区"瘴疠"之区的自然环境的产物。岭南地区在很长一段时期受气候、环境的影响一直是瘴疠之区。从唐宋时期开始有大量的文献对这个地区的瘴疠进行了记载。唐代刘恂《岭表录异》有"瘴母"之说:"岭表或见异物自空而下,始如弹丸,渐如车轮,遂四散,人中之即病,谓之瘴母。"作为岭南地区的边远山区——粤东客家地区的瘴疠之害更是严重,历代南来岭南地区之士留下了大量病瘴的文句。唐宪宗时韩愈被贬为潮州刺史,赴任途中在蓝关遇到前来探问的侄孙韩湘,有感于粤东地区的山岚瘴气,写下了"知汝远来应有意,收好吾骨瘴江边"的凄楚

---

① 范咸:《台湾府志》卷十三"风俗一"。
② 罗师扬:《希山丛著》。
③ 方烈文主编:《潮汕民俗大观》,汕头:汕头大学出版社,1996年版,第74页。

诗句。宋代李纲在其《过黄牛岭》① 中的诗句"深入循梅瘴疠乡，云烟浮动日苍黄"就是当时粤东龙川、梅州一带生态环境的生动写照。宋人范成大谈到岭南地区瘴气的分布范围和形成原因时说："瘴，二广唯桂林无之，自是而南，皆瘴乡也……瘴者，山岚水毒与草莽疹气郁勃蒸熏之所为也。"② 另外，在唐宋时期的正史中有许多关于官军南征过程中受瘴疠影响，水土不服，最终招致失利的记载。如《南史·杜僧明传》载："梁大同中，交州豪士李贲反，乃遣子雄与高州刺史孙昂讨贲。时春草已生，瘴疠方起，子雄请待秋讨之，不允，子雄不得已，遂督军行，至合浦，士卒中瘴者，死者十之六七，余众惮瘴疫，皆溃散，禁之不得。"在今天的梅州还保留有一眼五代南汉时程乡（今梅县）县令曾芳开凿的"可愈疾疠"的曾井，其中说的"疾疠"就是当时粤东地区的瘴疠。据载宋仁宗皇祐五年，侬智高造反，枢密使狄青受命南征，"军士疾疠，祷于井，水溢，饮之而愈。奏凯首以泉井言，仁宗赐飞白书'曾氏忠孝泉'五字"。以致当时丞相张志远有感，留下"曾井有泉治瘴疠，□□□□纪高贤"③ 的诗句。（按：原稿四字不清，无从考证）又《宋史·许仲宣传》载仲宣改广南转运使，"会征交州，其地炎瘴，士卒死者十之二三"。可见瘴疠一直是唐宋以来粤东地区的自然灾害。

因瘴疠而生的疾病主要有两种：一是瘴疟，二是蛊毒。瘴疟又分冷瘴和热瘴两种。冷瘴表现为身热而腹寒，或呕或噎，大便不利。热瘴表现为身体极热而头极疼。蛊毒表现为肝脾功能失调，肝气郁滞，血气凝聚，肠道壅塞，脾失健运，湿浊不化，清阳不升，以致气滞、血淤、水裹。要治疗瘴疟和蛊毒这两种疾病，必须采取理气祛湿、行气活血、健脾利水的治疗方法。槟榔是棕榈科药用植

---

① 咸丰《兴宁县志》卷之四《艺文志·诗》。
② 范成大《桂海虞衡志》，上海：上海古籍出版社影印文渊阁本四库全书。转引自吴传庚《瘴·蛊槟榔与两广文化》载《上饶师范专科学校学报》1999 年第 5 期。
③ （康熙）《程乡县志》卷之二《古迹》。

物，果实俗名槟榔籽，是著名的中药。槟榔与石灰、栳叶三者合在一起咀嚼，有健胃、御寒、提神的功效。宋人罗大经《鹤林玉露》"槟榔"条对槟榔的功能赞曰："槟榔之功有四：一曰醒能使之醉。盖每食之，则醺然颊赤，若饮酒然。二曰醉能使之醒。盖酒后嚼之，则宽气下痰，余醒顿解。三曰饥能使之饱。盖饥而食之，则充然气盛，若有饱意。四曰饱能使之饥。盖食后食之，则饮食消化，不至停积。"① 槟榔在岭南人日常生活中的重要意义并非其食用功能，而是其作为一种中药所具有的杀虫消积、降气行气、利水消肿、去痰御瘴的药用功能。宋代理学家朱熹在游历岭南时曾写下《槟榔诗》，对槟榔的药用价值大加赞赏："忆昔南游日，初尝面发红。药囊知有用，茗碗讵能同。蹶疾收殊效，修镇录异功。三彭如不逝，糜烂七非中。"② 槟榔的这种养身健体的作用特别是治疗瘴病的药用功能对于粤东这个瘴疠泛滥之区的人们而言，是一种"治瘴"的神奇之果，深得人们的钟爱。宋人罗大经言："岭南人以槟榔代茶，且谓可以御瘴。"③ 李时珍《本草纲目》亦言槟榔可"治泻痢后重，心腹诸痛，大小便气秘，痰气喘急，疗诸疟，御瘴疠"。明人谢肇制也说："闽广人食槟榔，取其驱瘴疠之气。"④ 人们发现了槟榔的妙用及其防御瘴病的功能，因而形成喜食槟榔的习惯，进而在婚嫁等重大礼仪中发展成一种地方性的文化习俗。

　　槟榔之所以在粤东婚嫁礼俗中具有重要的意义，最初的原因无疑在于其对付粤东瘴疠之害的实用药用价值，导致人们对槟榔的"崇拜"，因此才会在婚嫁这样重要的人生礼俗中予以特别重要的意义。然而人是具有社会性的，人生活在一个世界，不仅要解决在这个世界中生存所面临的各种问题，还要求能够解释自己生存的环境，要求自身的行动获得理由和意义。因此，在传统社会，人们对

---

① 徐杰舜主编：《汉族民间风俗》，北京：中央民族大学出版社，1997年版，第775页。
② 李时珍：《本草纲目》卷三一"果三"。
③ 罗大经：《鹤林玉露》。
④ 谢肇制：《五杂俎》，载《粤西丛载》（卷二十）。

于某种物品,不仅重视利用其实用的价值,还要创造并消费其超乎实用的象征意义。所谓象征就是借助不同事物的类似性质,或者通过事实上与想象中的联系,去典型地表现某种事物、再现某种事物。作为中国人生命历程中的重要事件——婚礼期间使用的各种物品的象征意义远重于实用意义。如在汉民族地区,鸡是婚礼中常用之物,其起源于周礼所规定纳采时的以"雁"为礼。而鸡、鸟等禽类在人们心目中具有象征男性生殖力的意义。一般而言,一个象征物与它所表现事物之间的联系,首先是由文化所建构的,同时也受文化的制约。不同的族群、不同的文化有自己独享的象征系统。由于特定的生存环境和生成历史,粤东客家族群是一个特别重视"象征意境"的族群,在客家人的观念意识中特别强调通过对民俗活动中象征意义的构建来表达自己对人生的美好祝福与愿望,祈求家庭的和谐幸福、人丁兴旺、仕途顺畅、财运亨通、健康长寿等。如客家民居建筑中许多屏风、窗门的雕刻很注重这类题材的选择,在窗画图案中有"五只蝙蝠飞入大门",取"五福临门"的谐音,或表"福从天降"之意;有"喜鹊与红梅",表示"喜鹊登上梅枝",取其谐音"喜上眉(梅)梢";有的画五只蝙蝠围绕一个"寿"字,取"五福献寿"的谐音。客家人的这种族群审美情趣在客家人生礼仪和节日民俗活动中表现尤为突出。粤东客家地区婚嫁习俗中槟榔礼俗就是客家人这种族群心理的反映。槟榔在婚礼中的象征意义主要体现在两个方面。一是借物谐音象征婚姻在人生礼仪中的神圣。在婚俗中借物谐音象征以祈求吉祥,可以说贯穿婚礼仪式的始终。从结婚仪式开始,新娘进新郎家的大门,必须跨火盆,取"火"的谐音,意味着今后的日子红红火火,在新房的床上抛洒枣子、栗子、花生等,借此谐音"早(枣)立(栗)子(男孩女孩)花生",表达人们对新人的美好祝愿,反映了古人多子多福的吉祥心理。而槟榔在聘礼中的使用,一个原因就是槟榔的谐音是"宾榔","宾榔"在古代是贵客的别称,意味着女方接受了男家的聘礼,双方缔结婚姻后,未来的女婿包括男家成为女家以后最尊贵的客人。另外,"槟榔"与"宾临"谐音,加之嚼食槟榔所产生的唾沫是红色的，而红色在传统社会是一种极富吉祥意味的色彩，因此献槟榔寓意"宾临大吉"的美好祝愿，这也是在很长一段时期，槟榔成为整个粤东地区在春节期间招待客人必不可少的礼果的深层次原因。

　　槟榔所赋予的民俗象征意义，不仅表现在谐音象征的吉祥意义，还表现在其独特的生物属性所具有的隐喻象征意义。在中国民俗文化形态中，处处充满隐喻象征的文化特性，相当多的民俗象征意义的形成，来源于隐喻的象征手法。隐喻在民俗学上的运用是指人们用具体的事物来描述抽象的概念，由此及彼，从而实现意义转换的一种方法、途径。通过隐喻这种表现手法，可以使抽象的意义更加清晰、准确地表达出来。一般而言，汉人社会婚嫁中聘礼比较常见的是"以茶为礼"的习俗，明人郎瑛在《七修类稿》中云："女子受聘，其礼曰下茶，亦曰吃茶"①，一直到现在民间仍把下聘叫做"下茶"或"过茶"，把受聘叫做"受茶"或"吃茶"。汉人之所以会"以茶为礼"，与茶树的生长属性有关。明人许次纾《茶疏考本》云："茶不移本，植必子生。古人结婚，必以茶为礼，取其不移、植子之意也。"② 由于茶树具有扎土生根后不可移栽的天然特性，古人多以之作为忠贞不贰的象征，可见古人婚聘"以茶为礼"表达的是人们对婚姻的"矢志不移"和"必定有子"的良好祝愿。而槟榔在岭南婚俗中的不可替代的作用正是来源于其固有的生物属性所隐含的象征意义。槟榔是棕榈科药用植物，它的干直立，不分支，亭亭玉立，雄花小而多，生于分支上部；雌花大而少，着生于总轴或分支基部。槟榔树"干直立，不分支"，具有长春之树、长春之果的生物属性，在聘礼中使用，寓意对爱情婚姻的忠贞不贰，预示着夫妻双方在未来的婚姻道路上一心一意，从象征

---

① 徐杰舜主编：《汉族民间风俗》，北京：中央民族大学出版社，1998年版，第472页。

② 徐杰舜主编：《汉族民间风俗》，北京：中央民族大学出版社，1998年版，第472页。

意义上强化了婚姻的牢固性和旺盛的生命力。同时槟榔在食用的过程中，只有细嚼慢咽，才能品尝出其真正的味道，才能越嚼越有味，由苦涩到甘甜，在婚姻习俗中使用，又具有夫妻生活永远幸福、越过越甜、越过越美好的象征意义。

第三节　客家妇女婚姻形态个案

关于客家妇女的婚姻形态，如果认为以上的介绍过于抽象的话，下面介绍一个现实生活中的典型，人物原形为被誉为"梅州大侠"的廖安祥。廖安祥（1907—1997）是广东梅县三乡黄凹村人①。

廖安祥于1925年离开梅县，长期往返于香港、内地等地经商，他平易近人、宽厚和蔼、侠肝义胆的长者风范受到社会各界的尊敬和爱戴。被柳亚子尊誉为"梅州大侠"。廖安祥一生婚姻经历童养媳婚、两房嫂婚与自由恋爱婚，既有传统文化的熏陶，又受西方文化的影响，所以通过解读廖安祥的传奇婚姻史，对于加深对客家婚俗的了解具有学理上的意义。

一、传奇的诞生仪礼

俗谓"吉人天相"。廖安祥出生本身就带民俗文化传奇色彩。初降人间就曾出现不吉之兆，其母、其祖母均对此忧心忡忡，依传统文化先后举行特别仪式以期弥补。

1. 预兆

预兆俗谓兆头，是一种文化现象。客家传统乡村社会讲究兆头，对于不吉之兆，俗民有一套补救方法，为达目的，甚至不择手段，反正"天有缺地补之"，务求平衡。

---

① 黄凹村是廖氏单姓村，有百户人家。村子离市镇丙村墟来回要走九十华里。所以，旧时山里人，因交通闭塞，与山外交流相当困难。

廖安祥呱呱落地时撒了一泡尿,被廖家视为不吉之兆,旋即举行祈求神灵驱邪恶隔小人的特别仪式。据廖安祥回忆:"我一出娘胎,就撒了一泡尿,家里的人迷信,认为是不祥之兆,尤其是阿婆,心里很不舒服。原来她过去生过一个儿子,取名廖坤和,也是刚落地就撒了一泡尿,这个儿子十分聪明伶俐,可是只活到13岁就死掉了。""阿婆很伤心,眼也哭坏了,嘴也哭歪了,都是因为这个儿子不好,养不大。……这次见我一生下来又是撒一泡尿,阿婆吓到脸都发黄,连忙从茶几上倒了一壶白开水,走到屋前的小溪,口中念念有词,说什么'莫撒爷,莫撒娘,撒到门前过路儿狼'。将壶里的水斟到小溪里去,以为这样就可以消灾弭祸,可保刚生下的孙儿平安。"

乡俗的预兆、兆头,虽属无稽之谈,但它却是一种民俗文化,即使是进入现代文明的今天,在客家地区对此俗仍相当介意。

2. 契名

对于不吉之兆,俗民采取的最常见措施是到寺庙祈求神灵保佑,甚至将俗民契给神灵。廖家因为廖安祥出世时撒尿,全家上下坐卧不宁,廖祖母虽曾为此举行过特别仪式:将茶水倒入门前的小溪中,但还不放心,还特地到村里的寺庙举行仪式,将孙子契给神灵。(房学嘉,2006)

一个人往往有几个名字,其中比较常见的是契名与乳名。契为契约,通过契约形式取得的名叫契名。"廖安祥"是契名,是契给神灵后"神赐"的名。其乳名是廖能隆,是他呱呱落地时,父母为其"取名廖能隆。由于很多疾病,祖母祈求佛子宫和尚命名为廖安祥。""我阿婆很担心,于是求神拜佛,到和尚寺去,说我出世时射尿,对家庭不好,生来命硬,凡是命硬的孩子一定要卖给人家做儿子,否则养不大,又要改过名字,于是又给我另起了一个名字叫廖安祥,本来我叫廖能隆,是按乡例排隆字辈的,改名之后就一直叫廖安祥了,安安祥祥就可保长命了。"

实际上,廖安祥的人生历程关卡很多,契给神灵还不够,还"要卖掉给别人做儿子才能养大……将我半卖给黄泥坑的廖运华做儿子"。

二、婚姻形态

廖安祥的婚姻充满着传奇色彩：先后经历童养媳婚、两房嫂婚、自由恋爱婚等，解读这些资料，可进一步认识客家文化的丰富性。

1. 童养媳婚

童养媳婚是一种文化现象，并不因为家庭的贫富而异。庄英章等组织的闽台文化研究计划，亦有大量的田野考察资料可供参考。引起笔者关注的是，与周边地区相比较，梅州客家乡村的童养媳婚率高而且年龄特别小。客家地区童养媳婚现象的普遍性，可从如下资料得以证明，廖之祖父虽是深受正统文化影响的老学先生，但其媳、孙媳两代均是童养媳、等郎嫂。当然，童养媳婚盛行的原因是复杂的，既有调节家庭和谐的婆媳关系，也有增加家庭劳力减轻经济负担等。（房学嘉，2001a）

媳妇①是等郎嫂。等郎嫂是童养媳婚的一种形式，其特点是"媳妇"嫁入夫家时"丈夫"尚未出世。"丈夫"何时出世？甚至能否出世谁也说不准，因为现实生活中有一生未等到"丈夫"的个案。据廖回忆："我的母亲丘添喜，也是年纪很小，就卖到廖家作'等郎嫂的'，'等郎嫂'就是童养媳。"从现有资料看，这位"媳妇"13岁时，其"夫"还无影无踪！适"有江西省老乡带儿童来到乡里贩卖，我祖母得舅父劝教并花大洋20多元买我父亲改名廖礼和。那时我父亲是13岁年纪……18岁配家里童养媳丘添喜"。"她和我父亲同年纪，后来成亲，十八岁那年（1907）生了我"。1925年后，廖父从香港回乡"一年后生了一个女儿……不久这妹妹就死掉了。后来母亲又怀孕，生下了我的弟弟"。"在我弟弟出生之前，母亲还生过几胎，一个妹妹，接着又是一对仔女，仔

---

① 此处的媳妇是指廖安祥之母。

妹之后还生了一个女儿，都未养成，死掉了，原因都是接生时不卫生，用生锈剪刀剪脐带，结果不到一个月脐带发炎，就死掉了"。"母亲很不忿气，生一个儿子半卖给了别人，再生一个又死掉，她就买了一个儿子廖运隆……买了这个弟弟后，才生那个缺嘴唇的妹妹"。

孙媳妇①是童养媳。据廖回忆："我三岁时候，家里就给我讨了一个童养媳，叫钟阿桂。她才三岁，是二块钱买回来的。"廖家当时是"将廖钱妹卖到叶姓，再娶回一个女子做童养媳"。廖安祥认为，他们家娶童养媳，主要是从经济方面考虑，"这样娶回来做童养媳，是因为家庭贫苦，怕将来没有钱讨老婆。而且大了以后才娶老婆，要嫁妆，贫苦人家出不起，很麻烦，故宁愿从小就把她娶过来养大"。当时"我们还不懂世事，母亲常常哄我们，每逢吃饭的时候，母亲总是哄着说，你们两个看谁吃得快，要我们两个人比赛。我几口就将一碗饭吃掉，而她没有我快"。"到七八岁，就会上山捡柴，或割草，做家庭的活。她长期在家中煮饭、捡柴、割鲁草，是没有书读的。我十三岁时，童养媳已晓得在家里煮饭了，我读书回家，她就帮手煮饭给我吃"。

廖安祥的成长，虽然接受过西方文化教育，也认识到传统婚姻观念的陈腐，但在母亲严词斥责下，想反抗也不敢，只好屈从，因此在传统与现代的文化天平上，婚姻钟摆向传统倾斜。他说："我离开家乡时，曾对母亲说不要童养媳钟阿桂，后来我还是和她结了婚。二十岁那年父亲去世时，我回到家乡，见她在家又勤劳，又能帮手，我就肯要她了。"

2. 两房嫂婚

在传统宗法社会，粤东客家地区民间存在两房嫂婚。这种婚俗还往往载入族谱，其目的是为了纯洁血缘。按传统宗法，为了保证传承香火，宗族内部对于少嗣或无嗣的弱房，可以通过过房解决，如长房之子可过继给二房或三房为子，反之亦然。过房有全过与半过之分，

---

① 此处的孙媳妇是指廖安祥之妻。

全过房者与原房派失去产权关系。过半房即卖半身,则在原房派与新房派均享有产权,即继承权。过半房者在宗族内拥有两个家,成年后必须在各家娶妻立室,所传各属房派,俗谓两头家或曰两个家。而廖安祥就是过半房卖半身者,所以他有两个家。1978年,廖安祥到北京,廖承志①问:"廖安祥,听说你有两个家?"即指此。

据廖回忆,"我三岁时卖到黄泥坑廖运华为半子,"当时廖运华没有儿子,"于是买我一半过去。什么是卖半身?客家人的风俗很讲究传宗接代,自己没有儿子,买半个也好,来给自己传代"。

据廖振说:"小时候听父亲说过,有个……荣辉叔就是安祥叔,他出生在三乡黄竹头,三岁卖一半给我们小都黄泥坑廖运华叔公,起名'荣辉'。"据廖政介绍,"我大哥小时家穷,卖一半给本乡廖运华做儿子,客家人俗称顶两房"。

3. 自由结婚

婚姻自由是西方文化的标志之一。廖安祥在发妻钟阿桂死后,在香港这个大都市里经自由恋爱另找心上人结婚:"后来我又再娶过,是在香港认识的,生了一儿一女……后来她认识了一个姓陈的华侨,当时她还怀着女儿,就跟那个华侨到南洋,又生了四五个孩子,姓陈的认为这对儿女不是他生的,带回来交给她的母亲,在深水埗养着。"

在客家传统社会,作为夫妻的共生之子是宗族血脉,妻子改嫁时,绝对不允许将血脉带离男性家庭。引起笔者注意的是,从现有资料,廖安祥在第二任妻子离婚时,却能以平常心态面对,不但妻子可将儿子带走,而且对于子女的血缘亲情,并不因妻子的改嫁而中断。在特殊的社会环境下,还继续担当起赡养"前岳母"之责,继续关心其起居饮食。"日本人占领香港时,我就把她的母亲和我的一对儿女,都带回乡下去,住了三年零八个月,后来再把她们带出来。""这对儿女对我是很好的,抗战胜利后,带他们回到香港,儿子在培侨读到毕业,解放后送他到北京中国人民大学读书。"

---

① 廖承志当时任国务院港澳侨务办公室主任、全国侨联主席。

三、家庭中女性角色

家庭是社会的最小单元,其成员所扮演的角色体现了各自的社会地位。

1. 客家妇女的孺子牛精神

客家妇女与其说是人,不如说是牛!她们吃的是草,挤出来的是奶。廖安祥对于梅县客家妇女的不幸深具人文关怀,他说:"记得阿婆曾告诉过我,我生下来时身体很弱,加上家境贫苦,缺乏营养,常常生病,母亲在月子里整整一个月都要戒油,只食干咸菜来送饭没有油食。""如果家庭环境不好,养到女的,年幼时就将她卖给人家,几个银洋就卖掉。"

在"客家地方是没有女人缠脚的,这是跟别的地方不同的特色","女人都在田里干活,犁田耕地都是女人做的,所以客家女人是没有缠脚的","客家地方有一种习气……家务劳动都是由女人做,有的还背着孩子犁田耙田,是很辛苦的"。家中无论是解决一日三餐,或是出街入市都与祖母或母亲有关,甚至带孩子出街认路也如此。"我们家贫穷,一年到头常常食蕃薯。我阿婆和母亲锄地,种很多蕃薯,收获时一大间房间都放满了蕃薯。全家人一餐吃一篮蕃薯,有时一筒①米煮一大锅蕃薯粥,没有多少米粒,主要是吃蕃薯。……很少有肉吃。有时母亲赴丙村墟才买些细细条的咸鱼回来吃。山区的生活,就是这样艰苦的。""家里被父亲卖了田地,种田很少,食粮不足,靠祖母和母亲挑担山炭到市场卖了买回大米以维持。"廖家村"离丙村(墟市)相当远,是山区中偏僻的乡下,村里的妇女从山里把柴、炭、竹木挑出②到丙村的墟场去卖,

---

① 筒在此处是一种量器,竹制,约可盛一市斤米。

② "出"在此处的用意是超出山门的意思,因丙村墟地处梅江畔,地势辽阔,是方圆各乡堡的中心墟市,故从山区到该墟市曰出,而地处平原地村民上街也曰"出丙村街"。但有些位于水源下游的村子,村民则曰"上丙村街"。

足足要走四十五华里路,把柴炭卖掉,再买些米呀盐呀,又走四十五华里回来,来回要走九十华里。""我的母亲早上六点吃饱饭,挑一担柴炭,担到市场去,一担才卖一毫半左右,少得很,挑到丙村之后,在一间熟悉的商店,带了米去煮饭,吃饱后去买些东西,又挑回家,回到家已是傍晚六点钟,天都黑了。"

2. 勤俭持家的客家妇女

客家妇女是勤俭持家、相夫教子的里手。据廖安祥回忆:"我家里除了父母外,还有祖母,我叫她阿婆,阿婆也是十分疼爱我的。"

在孙子眼中的祖母。廖家"祖母李东妹以种田、挑木炭为活。"家中稍有点积蓄,则用这些钱逐渐将早年被祖父及父亲卖出的田地赎回来①。"我阿婆是很节省的,自从我父亲改过,寄钱回家,逐步买起些田地,生活也大为改善。""我阿婆将粥煲好时,粥水她就用来送蕃薯食,剩下的几粒稀饭就倒给我吃,我问她为什么要这样,她说你要读书,所以给你吃。"

"但是,我还不知道她是自己不吃让我吃,在学校里我还向同学们夸口说我阿婆最能喝粥水,后来让先生听到了,先生同阿婆是有些亲戚关系的,他对阿婆说廖安祥在学堂里夸口说你食粥水最多。阿婆好难过,她对我说:'孙儿,你知道吗?家里穷,没有米,一家五口,一筒米怎能吃得饱?因为你读书,怕你挨饿,阿婆才吃粥水,留下几粒饭让你吃饱,你怎么竟向人说阿婆吃粥水最多?你哪知道家中没有米,好辛苦呢。'这番话对我教育很深,一直记在心坎里,至今不敢忘记。现在一想起当时家庭这么困难,阿婆这样疼我,我却不懂性,心里特别难过。所以我诗中说:'家中缺米粮,饭粒让你食,'锡'你读书郎'。阿婆的疼爱是我永生难忘的。"

在儿子眼里的母亲。客家母亲是什么样子?"我母亲是一个十分勤劳善良的农村妇女,虽然没有文化,但她十分善良,很疼爱

---

① 契书在民间是具有法律作用的。

我,我是她头胎孩子,又是个男孩,她当然高兴,把我作为命根一样,一个农村妇女,一切希望,将来的依托,都寄托在我这个儿子身上。"

18岁时的廖安祥,是由其母亲亲自送出门到香港谋生的。引起笔者注意是,出门时的母子俩,力壮如牛的廖安祥是空手轻身,而其母则肩挑行李。廖安祥说:"我辞别了阿婆,我母亲送我到丙村墟,她为我担行李,一边是棉被,一边是皮箱,走四十五里路,到丙村搭船落汕头……上了船,我在船上看见母亲木然地站在岸边,不觉眼眶满盈泪水,依依不舍。"

3. 客家妇女的地位

传统观念是,男人是家庭的主心骨,妇女在家庭中是没有什么地位和权利的。据实际考察,客家妇女的地位与传统观念有一定距离,她们对于家中的大小事具有参与权和决策权。如在梅县客家乡村的家庭,老婆教训好逸恶劳的老公,不只停留在口头上、语言上,甚至付诸武力大吵打架的例子并不鲜见。

据廖回忆:"父亲年少,体壮力大,和家乡的廖姓壮丁,成群结队,学会赌博,不务正业。""祖母非常生气,但是没有办法教育。"

"父亲给①我祖母骂了一顿,母亲和父亲打了起来。""那时我祖母非常痛心,把父亲逐出家庭。""我阿婆气坏了,拿扫把来打他,将他赶走,不准他回家来。""我母亲听了气极了,跟他大吵,打了一场架,打得好犀利。""这时他没有办法了,后悔也莫及了,大好家庭被他破坏,母亲和妻子都同他闹翻。"

类似廖家婆媳联手将主心骨逐出家门的现象在客家地区并非典型,只是表现形式不同而已,从一个侧面体现了客家女性明是非,在家庭中具有绝对的威权(房学嘉,2004b)。此外,表现女性在家中拥有威权还可从婚姻大事由母亲说了算得到印证。廖安祥的启蒙教育是在乡塾中读老书渡过的,尔后他到丙村三堡学堂读高小

---

① "给"为客方言,在此处即"被"的意思。

时，就接触到了新学思想的教育。丙村三堡学堂创办于1905年，是岭东辛亥革命的摇篮之一，林修明、叶剑英等就是从这里走向孙中山领导的推翻大清王朝道路的近现代革命代表。1924年廖安祥就读于广益中学。该校也是一所革命学校，1924年，该校闹学潮，当局开除200多位学生。在这些革命学校受过新文化、新思想教育之后，廖安祥脑中已萌生自由恋爱的思想，但其母斩钉截铁地回答"这事不能提"。

　　1925年初，当廖安祥即将告别家乡赴港发展时，希望与母亲进行思想上的互动，他说："我辞别了阿婆，我母亲送我到丙村墟……走到岗子岌凉亭歇脚时，我突然对她说：'阿妈，我过了番之后，我那个童养媳不要了，自小一起长大，我都看到厌了。'""她听了吃了一惊，问我：'她有什么不好？'""我说：'她没有进过学堂，没有文化，我不中意，还是让她嫁人去吧！'""母亲登时大怒，骂我：'吓！岂有此理，你今日才开始出门，钱都还不会赚，就讲不要老婆了！哎，阿桂是我细细寻来养大的，像自己女儿一样，她到我们家都十多年了，是同你一起长大的，她做事勤快，又能帮手做家务，有什么不好！这事不准提，等你赚到钱再说吧！'"

第五章　客家妇女的生育文化

第一节　求子习俗

传统宗法制度是"不孝有三，无后为大"。每个家庭都把生儿育女、传宗接代作为天职与人生的一大义务。如妇女婚后不能生育，就会面临被夫家休弃的悲惨命运。因为传统礼教规定的丈夫遗弃妻子的"七出"之条，首要的一条便是"无子"。据此，若妻子不能生儿子，夫家有权理直气壮地把她逐出家门。为此，对儿孙的渴望促使客家妇女及其家人想方设法生儿子，为此衍生出种类繁多的求子习俗与育儿习俗。若无子息，他们会千方百计地求嗣以传宗接代。无论是属何种宗教与教派的神明，只要是被认为具有保佑怀孕功能的，他们都会去拜。有的是到寺庙中去求菩萨，如求送子观音、吉祥菩萨与其他地方神；有的是向本族的祖神婆太祈求；有的向古树、老藤等植物神祈求；有的是去找算命先生"求花缘"；有的找"降童"进行"盘花"和"剥花"；也有的求佛、巫、医同时进行，只求能够怀上孩子。但若真到暮年仍未生儿育女，只好向本族兄弟辈过继一子或"半子"承宗祧了。若是有女无子的则会通过招一女婿上门以传香火。

据田野调查，民间求子习俗主要有如下几种。

1. 求神

妇女婚后若一直未有怀孕的消息，其亲朋好友就会劝她想办法求子。民间以求送子观音与吉祥菩萨最为普遍。求子时，在神灵座前点起香烛祷告一番，许下心愿，若如愿以偿，则一定会遵守诺言前来还愿。求子者大多以清油（包括茶油、菜油、豆油）若干相许，也有许糖糕与布料的。由于信徒众多，观音菩萨在乡间的一般

寺庙中都有供奉,而在梅州则几乎每座围龙屋的祖堂中都有设供。而吉祥菩萨大多都是放在其他菩萨的座侧,单独建庙供奉的很少。

吉祥菩萨一般个头很小,相貌打扮如同小孩子,既有木雕的,也有泥塑的。妇女求子时会刮取些菩萨阳具部位的木屑、泥屑回去炖服,致使吉祥菩萨的阳具日短,庙中管理者就会取饴糖或糖糕续长,若是泥塑的阳具被人掰掉,则仍用黏泥做好续上,随掰随续。若遇到吉祥菩萨的生日,因求嗣者众多,致使庙中不胜其烦,因此有的庙宇进行革新,不许许愿求子的妇女去削菩萨的阳具,所以一些俗妇就改为"偷饭勺子"、送红带子等。

据说早期有位妇女求子祷告时用念经的腔调大声吟唱:"吉祥子、吉祥哥,不要在这冷台庙里坐,做涯的长命子,做涯的长命哥,转来去涯屋下烧(暖)被窝。"此后这几句话越传越广,便成了众多求子妇女的求子经。

2. 求花缘

求花缘的意思是请花木之神赐予子嗣。妇女婚后久不生育,或会习惯性流产,有的会去请算命先生算命。算命先生根据其生辰八字,结合菩萨下降的时间,拣定日期与时辰,指示该妇女到某个方向找一株枝繁叶茂、结果实较多的树木,如油茶树、荷树、石榴树等,进行求花缘。

求花缘时,按算命先生拣定的日期与时辰,点上一盏"灯儿子"火,带上"求子符"与盐茶五谷①、香烛等,到预先选定的花树下点起香烛祷告:"某(指茶、荷等树的树名)树母,某树婆,保佑涯养个学生哥。养了学生哥,涯杀鸡提酒来报喜,相结你某树做外婆。"然后焚化纸钱与符章,在树上摘取一个果实,连同"灯儿子"火带回,"灯儿子"火在路上要注意不能熄灭。到家后,将"灯儿子"火放灶君神位前,将摘回的果实置于卧室衣箱的一角。以后每逢年节都得到此树下点香燃烛祷告。若是如愿生了儿子,得像向外公外婆报喜一样,提一壶酒、一盘全鸡,带上香烛鞭炮到该

---

① 包括五粒盐,五片茶叶,豆子、谷、玉米或麦子各五粒。

树下向树神报喜。有些虔诚的妇女生儿子后每年还会像敬祭祖先一样至树下祭供树神。

有些妇女只生女儿，或经多胎流产，婴儿总是不能成活的也会求算命先生进行"制破"，以求生到儿子。制破的方法与求花缘大体相同，但算命先生要亲自到场念咒，装盐茶五谷的陶器要按指定的方向、地点封藏，此后不能移动。

3. 盘花与剥花

盘是盘查的意思，盘花指盘查妇女身带花否（即是否有孕在身）、带的是什么颜色的花，若是红花指女胎，白花指男胎。剥花的意思是指与树木换花，想要儿子的即求把红花换成白花，想要女儿的即求把白花换成红花。

剥花大多由"童子"私下为求嗣妇女进行，只需与童子议定酬金，等生孩子后兑现即可。"降童"是一种巫术。"童子"以妇女居多，都是借口有某神附在身上，为前来"降童"的人指点迷津。举凡风水屋场、身体疾病、个人前途、子女与运气等都可以问她。"童子""降童"时，称不育妇女为身上"不带花"；能生女但不能生子的称为"有红花"；能生子但未生有女的为"有白花"；可生一子者称为"带一朵白花"。不育的或总是生女的妇女若去"降童"，"童子"必然会问她是否要为她"剥花"，求子心切的妇女自然心领神会，信其神通，同意"童子"为自己与树木换花。求子者换花的树木必定是开白花的树，如荷树、茶树、李树、梨树等。而求女者换花则找开红花的树如桃树、石榴等。

第二节　孕期习俗

在传统社会里，由于经济条件差，医疗技术与设备落后，妇女很少通过医生检查来确定是否怀孕，主要根据月经是否停止或本人是否会"拣食"来确认怀孕与否。对于一位初婚妇女来说，如果突然发现经期到了月经却未来，往往会觉得奇怪而向她的母亲或其他家人询问。此外，一些关系亲密的叔婆伯姆（母）看她不洗月

经布,就知道可能"有好事"了,就会善意地去调弄她说"有了",使她觉察。除了用月经是否停止去确定外,如该妇女有反常的挑食或易呕吐,或有的突然间特别喜欢吃酸或吃辣,有的稍微闻到油烟味或其他味道就出现呕吐等情况,也会被确认为是怀孕了。有的孕妇也会突然间改变一些习惯或态度,如有的怀孕妇女平素很勤劳却突然间变得慵懒爱睡,或原来脾气很好,对丈夫很温顺却突然间变得极易动怒等。

一旦知道怀孕了,该妇女就要注意禁忌和补养。孕妇的进补因受地理生态环境影响,各地习俗不一。在梅县,进补多用鸡或狗肉等滋补食物。

妇女确认怀孕两三个月后,一般会婉转地告知家长。因为妇女生孩子后要吃"鸡酒"补身子,这些鸡大多得由家中饲养,从幼鸡长至可宰杀的鸡最少也要半年时间;而酒则可视产期酿造。当家长知道某媳有孕,不仅会及时养鸡、酿酒,还会在劳动安排上给予照顾,尽量安排其做一些轻活,必要时还会让其休息。

得知女儿怀孕后,做母亲的会经常来帮忙照料。按梅州习俗,丈母娘去女儿家探望叫"催生"。去的时间不能预先告诉女儿,要买一条鲩鱼,鲩鱼全身光滑,意味着女儿生婴儿时,婴儿像鲩鱼一样快出娘胎。娘家一般会提前一两个月去探望,到女儿家时,要是一到家中就见到女儿,则是生男孩的预兆。打开饭煲看到饭勺子面朝天,则是生女儿的预兆,饭勺子面朝地则是生男孩的预兆。

孕妇的禁忌很多,如禁止看耍猴、木偶戏(傀儡)等。俗谓孕妇不可看棺材、丧礼和出殡等不吉利的事物。孕妇房间内外不许乱动土,东西不可随便搬动,墙壁上不可乱钉东西或堆放重物,怕震伤"胎神",否则有流产之虞。不能在房内拿针线缝补衣物、被单等,也不可以随便移动器物,怕触犯"胎神"的眼睛,引起婴儿出生后双眼或单眼失明。孕妇睡的床不能放剪刀之类的利器,怕伤了"胎神",导致婴儿出生后缺嘴唇、缺鼻、缺耳等生理缺陷。也不能在房内烧火,甚至禁穿熨过的衣裳,否则会生烂头儿。兴宁乡俗孕妇不能触摸别人的小孩,更不能抱别人的小孩。特别是一两岁的男孩,据说孕妇会"摄魂",把小孩的魂魄摄走,使小孩生病。怀孕妇女在不少客家地区被称为"四眼晡娘"①,对怀孕妇女有较多禁忌,一些重要的仪式场合不让怀孕妇女参加,认为怀孕妇女比较"衰"(运气不好的意思),她若参加会触犯神明,仪式的效果就差远了。

第三节 生育习俗

妇女生孩子时,孕妇或其婆婆会特别到围龙屋化胎前给五星石伯公烧香,祈求神灵保佑母子平安。围龙屋是粤东梅州、河源地区的传统民居,而化胎是围龙屋中女性崇拜的神圣空间。从文化层面上看,化胎象征着宗族女性的腹部,而五块神石即五星石伯公则是生殖文化的象征。由于化胎与五星石伯公掌管着族中妇女的生育,故生孩子之时,孕妇或其婆婆会去求它保佑。

接生。妇女分娩时一般请乡村接生员帮忙。接生员俗称"看轻婆",大多由族中的老妇人担任。乡俗"妇人分娩谓之轻"。轻是与重相对而言,意为孩子生下来后如释重负。产后要用烂布或纸把胎盘包好深埋于屋中或房屋附近,有的把它放在灰间②,各地不尽相同。客家人因此把出生地称为"胞衣迹"。分娩时,孕妇如坐在椅子上,面前放一个"脚盆",婴儿就生在脚盆里。分娩后就把这个脚盆作为婴儿洗澡用。看轻婆"断脐"时一般用瓦片。在传统社会中一些结核病等患者往往把胞衣拿回家配药吃。客家人认为胞衣很补,适宜与其他肉一起炖煮给体质虚弱者增强体质。

做月。产妇分娩后一月内,必须静卧休息,称为"做月"。对于终年劳碌的客家妇女而言,做月是她们难得的休养日子。在做月期间,炒鸡酒是不可或缺的补养品。据清人黄香铁《石窟一征·礼俗》卷四载:"俗妇人产后月内,必以雄鸡炒姜片食之,盖取其

---

① 孕妇有两只眼睛,加上胎儿也有两只眼睛。
② 乡俗的灰间即厕所。旧式厕所往往还堆放草木灰等肥料,故曰灰间。

去风而活血也。"内地人视雄鸡为发物,故产后滋补必食行鸡;① 而客家人产后所食第一只鸡,则非雄鸡不可。

炒鸡酒为粤东梅州民间产妇必食的营养补品,炒鸡酒又称"姜酒"。婴儿出生后的当天,主家要宰鸡拜天地,然后把拜天地的鸡炒姜酒。坐月子吃姜酒开始是吃雄鸡炒的姜酒。俗谓雄鸡姜酒主排淤,即能促使产妇排除体内淤血。一般10天左右,待淤血排干净后改吃行鸡炒的姜酒。据说行鸡姜酒主行补,即能给产妇补气补血强身子。产妇从分娩后的第一餐开始,必须以姜酒鸡当饭吃,起码吃够一个月。

产妇做月期间一般不出房门。但每晚必须药浴,乡俗给产妇洗澡的药,多为枫树、虎板树、老艾茎,也有用松树、龙眼树叶等。选其中一种放在大锅中注足水煮沸,捞去渣,然后舀起盛于桶内,待其自然冷却(绝不能注入生水)到适当温度,产妇才可用来洗澡。

婴儿洗澡一般用苏茅草,俗谓苏茅草可以辟邪。婴儿出生后三天,要再洗一次澡,称为"洗三朝"。家庭条件好的,洗三朝往往商请看轻婆来洗;反之,则由家娘或产妇自己洗。该日还有请客吃饭的习俗,一般称为"做三朝"。

"做三朝"、"做满月"均是客家人重要的诞生仪式之一,详见房学嘉《客家民俗》,此略。

在以父系制为中心的传统宗法社会,男子起着传宗接代的作用,因而普遍存在着严重的重男轻女观念,客家地区也不例外,由此导致生儿、生女是两番完全不同的景象。

在传统宗法社会,男尊女卑还体现在诞生的婴儿身上。在梅县丙村镇井塘村温氏祖祠的"郎官第"内,发现了一块清代木刻版的《戒溺女文》,除个别字模糊外,保留得相当完整。文曰:

近世乃有灭绝生理而溺女者,殊为莫解,未□其故。

---

① 行鸡在此指阉鸡。

或以生育太多，□而溺之；或以屡产皆女，忿而溺之；或以养女需乳，不利速子，忿而溺之。不知多子为福，九男三女、七子八婿传为美谈……父精母血，妙合成形，为男为女，均属骨肉。莫非子也而忿之耶？至子息之有无、迟早，命实为之。人而无子，正宜积善祈天；人而晚子，益宜培养元气，乃溺其现生之女，妄冀未生之子。一念□杀，上干天和。愈溺女，愈生女，几见溺女可以速男乎？顾又有借口于家贫莫赡，嫁奁无资者，岂知天不生无禄之人，饥寒饱暖原有定数。前此不以无妇而能富，今此宁以有女而逐贫乎？出继抚养，生路多端。开一面之网可也。冠婚丧祭称家有无，吾见世有贫儿而终身难娶者，未闻有贫女而终身难嫁者……下及私胎一节，似万无可留之事矣。然已犯首恶，复残生命，是罪益罪也。不如书明生年月日，置之道旁，若男若女听无子妇者之携抱，犹为曲全之术耳……稽古在昔，女之以节烈显者，代有传人，女之以含冤作祟者，□更□数，观于木兰之代父从军，缇萦之上书赎父，患无女耳。其肯溺乎？观于陈妇之红蛇缠股，元秀之牛蹄转床，则嗟无及矣，其敢溺乎？噫吁！身从奚来？非母何以有我！子甫黄口，择妇便费，经营今日之女，异日之母也。今日生女之母，当年未溺之女也。我之子若孙，未溺之女所出也。子若孙之妇，他人未溺之女也。思前想后，推己例人，而忍使哝哝□□，永恨覆盆也哉。呜呼！痛哉！淋漓胞血，欲语何能？母魂肯续子命□□，天乎人乎？天欲生之人欲杀之，逆天者亡，杀人者死，仇怨相寻，得不□□子神其报耶。语云：三代不育女者，其家必绝。盖使一人溺女，人咸效之，而人将无女矣。人将无女，而人将无妻矣。人将无妻，而人将绝矣。彼欲绝人，天能不早绝之乎？此尤往复之，必至者也。又况例设育婴堂收养婴赤。凡溺女者，以故杀子孙论。纵不畏冥诛，独不畏显戮乎？养鸡□掩壳而死，猪子出胎而亡，人犹惜之。虎狼不伤父子，蝼蚁尚知贪生，人独忘欤？覆巢破卵，凤凰不翔其邑。割胎杀夭，麒麟不至其郊。物伤其类也。矧伊人矣。自残其类，禽兽何若焉！

　　从这篇《戒溺女文》可看出作者在"不孝有三，无后为大"、重男轻女和男尊女卑的传统社会，能够冲破传统思想桎梏，针对溺女的社会现象，入木三分且淋漓尽致地鞭挞了丧失人性的溺女陋习，显现出作者开明、进步的思想。同时，这篇《戒溺女文》也让我们读出当时的社会背景，了解到客家女婴的低下地位与悲惨命运。按地方史志与其他文献资料的记载，这种溺女婴现象在粤闽赣边地区普遍存在。

第六章　客家妇女与信仰文化

本章试图陈述客家社会中广泛存在的女自然神、地方女神、作为男神配偶的女神信仰，阐述客家地区女神信仰流行的原因，并进而分析客家妇女在宗教信仰中的地位与作用。

第一节　客家地区的女神信仰

女神信仰是指对女性神明的崇拜。它是在人类社会到了母系社会中晚期，随着原始人生育信仰观念的形成与发展而出现的，"当时一方面崇拜图腾，另一方面崇拜妇女，而且认为只有两者结合才能生育后代，男子的作用是排斥在外的，这就是母系氏族社会的生育观念。因此，当时，普遍流行图腾和女神崇拜"[①]。最早的女神是始祖女神。在我国，许多民族都有关于始祖女神创造了人类的文献记载或传说。随着社会的发展，人类认识的进步，为了适应社会的需要，人们创造了各种各样的女神，包括自然神、始祖神、道教娘娘神、佛教娘娘神、各种地方神等。客家地区广泛存在着女神信仰。在此笔者把她们分成女自然神、从其他民族或民系移植而来的女神、为适应社会生活需要创立的女地方神、作为男神的配偶而存在的女神。以下重点介绍女自然神信仰、观音菩萨信仰、客家人创造的女地方神信仰、作为男神配偶而奉祀的女神信仰等。

---

① 本节关于闽西民间信仰内容参照钟晋兰《论女神信仰与客家妇女的社会文化生活》一文。

一、女自然神信仰

1. 电母

客家人把闪电称为电母。由于闪电通常与雷一起出现,因而人们把雷电合在一起称为"雷公电母"。在民间,雷与电被认为是正义之神。人们认为被雷电击死者是不孝敬父母者、乱伦者、犯大奸恶者、有宿世孽债者。

2. 花神

客家人有求花缘、盘花、剥花之俗。在山乡的求子巫术中,神婆通常把不生育称为"不带花",称生女儿为"带红花",称生儿子为"带白花"。求花缘指的是请花木之神赐子。久婚不育或有习惯性流产的女子,有的会去找算命先生算命,算命先生根据其生辰八字,结合菩萨下降的时间,帮她求花缘。具体见第五章"客家妇女的生育文化"之"求花缘",此略。

在梅县松口元魁塔下面的文奎阁,车田村的王明宫,官坪村的五济宫等乡村神庵庙堂,民居建筑的神圣空间如松口镇铜琶村下店的炭岗楼等都安奉花公花母或九子圣母神像。此习俗在赣南闽西亦同,如在瑞金城南的乌仙山上有一座花神庙,庙里供着一对很特别的菩萨,叫花公花母。菩萨的怀里抱着数个小孩。据说,这对菩萨是掌管人间的生育问题的,对已婚不育者,生女不生男者,以及小孩生下来多疾病、多灾多难者具有很大的吸引力。每年农历六月初一至初六是花神的会期日,此时到庙中朝圣的善男信女络绎不绝。其中大多数是中青年妇女,也有部分老年妇女替她们的子孙儿媳到此求神或还愿。

3. 树神

客家地区的树神很多,比较常见的为榕树伯公。榕树在河溪道旁及村口很常见,因此往往成为宗祠、村落的标志性标识物。如松口下店邱氏祖祠前有两颗开基祖手植的古榕,谓"双榕巷"。后裔撰《双榕巷记》,被编写进《邱氏族谱》,作为家族的集体记忆。

(1) 紫金树神：在明溪县枫溪乡熊地村有一棵紫金树，被当地村民奉为神树。在当地流传着一则此树的故事：相传，古时有一位美丽的紫金姑娘，她在被抢到皇宫后不堪羞辱，一头撞死在盘龙柱上。后来，紫金姑娘的坟头上长出了一株紫金树，紫金树的树籽随风飘送，其中的一颗在熊地村落地、生根、发芽，渐渐长成。受到当地客家住民的崇拜。

(2) 樟树婆太：武平县城东门桥头壕沟里有座樟树婆太庙，当地人不知所祀何神。相传某年发洪水，从上游飘来一段樟木。县人将它雕了一尊女神像，在河边建庙奉祀，民间称之为"樟树婆太"，今已毁。

(3) 万寿松与千岁樟：清流县进士乡有两棵古老的大树，一棵叫"万寿松"，另一棵叫"千岁樟"，均被称为神树。村里的小孩出生后都会嗣给这两棵树，认它们作义父、义母。嗣给松树神的名字带有"松"字，嗣给樟树神的则带"樟"字。每逢小孩三朝、满月、过周以及逢年过节，被嗣的小孩均由家人领着前往烧香、磕头朝拜，直到16岁为止。据说，有一年村里有个没有契父母的孩子得了一场重病，家人惊慌失措，四处求医，仍不见效，后来朝樟树神求救，用"大花"一条祭祀树神保佑除病，果然，三天之后，小孩转危为安。因此小孩取名为樟树老。拜树神为母的现象在清流县长校村同样存在。

4. 石母崇拜

在清流县进士乡童屋的后龙山有块石头大如谷仓，人称禾仓石。这石头在当地有个传说：

相传明朝末年，村里有个孤儿整天在这块石前，一声爹一声娘地哭泣，十分可怜，感动了此石。一天石头裂开一条缝，缝里掉出米来，孤儿又惊又喜，连忙把米拾起来充饥。此后孤儿就靠石头出的米为生，因此拜石为母。后来，此石被财主夺占，派家丁专管取米，可是石头缝里出的米日益减少。财主误以为是石缝堵塞，就令家丁把缝凿深，可此后却粒米不出了。村民认为此石有灵，能分善恶，专济穷人，就称此石为石母娘娘。

此后,村里的孩子凡是查知"八字"缺金、火、土者,均嗣给这个石母娘娘为子。连邻近村落的父母也会到此把小孩嗣给石母娘娘为子,因此石母的香火十分旺盛。石母的嗣子通常名字中含有石字。其嗣子得祭拜到16岁为止。

二、观音菩萨信仰

1. 观音

观音是客家妇女最普遍信仰的神明,供奉有观音的寺庙在客家地区随处可见。对观音的来历,传说中主要有两种:一说观音是阿弥陀的大儿子,他起誓许下大愿,化为三十二种形象来到世间拯救人类。有时候化身为南海准提,具有一千只手,一千只眼睛,以救航海中的罹难者;有时候化身为"送子娘娘",是妇女们最尊敬的神明,特别为不生育的妇人所信仰,每天香火不绝……另一说观音之父为妙庄王,母为宝德后,观音为他们的第三公主,名叫妙善,爱修行学佛……从上面列举的传说中,不难发现,在前一种传说中,观音为男性;而在后者为女性,前后两说的性别是矛盾的。在客家妇女的心目中,观音是女性神明。

在民间,观音的法力是无边的,可以祈雨,可以救火,逢山可开路,遇水可搭桥,可给饥饿者以食物,给寒冷者以衣裳,给患病者解除病痛,使人脱离各种苦难。此外大慈大悲的观音还可以送子,可以操控胎儿的性别,并且可以保佑母亲的平安,护佑小儿的成长,成为妇婴的保护神。

客家妇女祭拜观音多为祈求赐子或保佑儿女健康成长,祈望观音履行生育保护神的功能。她们把观音称为"送子观音"、"送子娘娘",也有称之为"观音嬷"的。以闽西长汀县城区为例,仅长汀县城内就有5座观音堂,每座每年都在农历二月十九、六月十九、九月十九举行庙会。庙会之时,长汀的妇女纷纷结伴到观音庙进香上供,其目的之一是"盼望生子"。因为观音送子,所以她们认为只要诚心诚意祈拜就一定能生个胖儿子。老年妇女空闲时更是三五成群聚在家中念观音经，祈求得到观音的保佑。在赣南地区亦不例外，以定南县为例，定南人对观音的称呼有：观音、菩萨、观音菩萨、观音娘娘。而使用得最多的则是另外一个独特的称呼"契娘"，此词在定南的方言中指丈母娘，而对观音的称呼则为"干娘"的意思。定南人向观音求子后生下的孩子必须抱到当初求子的观音庙认"契娘"。给观音当契子，因而"契娘"成为当地人对观音的特殊称呼。

观音崇信在岭南地区是个很普遍的现象。但在民宅宗祠内专建观音庙祀观音菩萨，则是梅州客家民俗有别于其他地方的最大特点。下面以梅县松口镇的田野调查为例介绍。

松口民间的观音并不与祖宗神共处一堂。俗民不但将观音菩萨请进祠堂而且还为之建立一个比祖宗神堂更大的观音堂。祖宗神供于围龙屋之中央，表示以祖宗为中心，增强宗族的凝聚力。从级别上看，观音的地位在祖宗神之上。族人认为，祖宗神应与天上的大神分开，将观音供奉在祖堂委屈了她，应给观音另辟一个比祖堂更大的厅堂才对。于是在整座屋的最高处，专设一个观音庙。因庙多设在楼上，故俗民称专供观音等神明的阁楼为观音棚。①

民间的观音棚在"文化大革命"年代破坏严重。20世纪80年代后期，松口地区的梁姓、李姓等有些房族的观音棚又由俗民集资重修。但棚内所供并不单纯是观音菩萨。

大塘村梁姓百寿楼的观音棚，观音神座居中，屋式结构为上、中、下三堂楼屋，因不是宗祠，故整座屋内并无祖宗神堂。其中上堂的二楼中厅设有一个观音堂。据报告人梁瑞华（20世，80岁）说，"文化大革命"时，观音堂神像被毁。1980年以来，族人又集资将其重新修复。"旧时的观音堂很讲究，现在因资金等原因，较为简朴"。重新升座的观音堂内有一大神龛，龛上有一排神位及香炉，摆设一如神庙，俗民称之为观音棚。观音棚大厅中央的顶上，还挂有两个做得很精致的百子灯。

---

① 上杭、武平也有二楼放观音的习惯。

诸神排列示意图如下：

| 尊经老爷之神位 | 玉皇大帝之神位 | 关帝老爷之神位 | 观音菩萨之神位 | 仙师老爷之神位 | 法宏三叔祖梁公之神位 | 地母娘娘之神位 |

五显宫仁寿里李姓仁寿楼的观音棚供奉揽子观音。仁寿楼为三堂四横的楼屋建筑，外墙有两层楼高，状如城墙。因不是宗祠，故整座建筑未设祖宗神堂亦无祖宗神龛。中堂为三层楼式，底层立有福德伯公伯婆神位。第三层楼的中厅是本屋的观音棚。观音棚之摆设恰似一座神庙：一长条神龛靠紧正面墙，龛上供主神为观音。仁寿楼观音棚有专人负责管理，俗称月荣姊，60岁。管理人说："我是潮州人，三岁卖到这里，一直就打理这观音棚，服侍观音娘娘。现在这尊观音像是做这座屋时安的，土改、'文革'时均有人要毁掉观音像，但都被我藏起来。"观音像造型为揽子观音，木雕鎏金，后面有光环。为什么要把观音棚设在三楼之中厅？管理人说："观音棚在整座屋位处最高，在此安放观音菩萨，意为尊贵。"

李姓仁寿楼观音棚有专人管理，凡有神诞节日，俗民就到此聚会。族中有专门的观音会，节日时会员出一些钱，凑斋盘在观音棚聚餐。每年的农历二月十九为观音生日。是时会员备办斋盘、水果等敬神，仪式结束后就在该棚起炉子蒸萝卜圆、筝圆或炒粉、炒面等聚餐。参加者不分男女，旧时主要为本屋俗民，20世纪80年代以来也有其他各屋如附近的邱、陈姓俗民参加。凡参加聚会者，每人交会费3元、5元不等，供是日香烛油灯之资。观音棚的作用几乎可代行社区的大庙之责。据报告人说，平时祈福，大都到附近的五显宫（即今显光寺）上香祈愿，但如果得神明允准也可到该观音堂举行仪式。观音棚所供诸神如下：

九子观音	观音菩萨神位	财神老爷神位

镇郊光德里李姓石柱堂的观音棚由各家各户轮值管理。石柱堂为两层四进三堂两横建筑，在围墙后面有一列由若干单元组成的建筑群，其中靠右边的小单元是二层楼式，在二楼的中厅设有一个观音棚，面积相当于两间平房，约有25平方米。20世纪80年代以来，族人已对观音棚先后两次重修，其中1995年规模最大，这次扩建使棚之面积增加一倍，构式如一座神庙，显得更加壮观神圣。族人与观音棚的关系密切，除了观音诞以外，在每月的农历初一、十五及重要节日要到棚祭拜。为使这一活动制度化，族人还将一年的时间按各房分配，编定轮值时间。据报告人李守垠（72岁，中学退休教师）介绍，石柱堂的观音棚管理自古以来就有制度，房族内将时间分配到户，每家侍奉1～2天。平时点香即可，但初一、十五要求有斋盘祭敬，敬神后的水果、糕饼、糖等要分发到全屋各家各户。其中有几重意思，一是敬过神明的东西让大家分享，吃了福禄寿齐。二是通过向大家分发供品，表明你确实履行了应尽的义务。这种制度化的管理本身说明，观音棚之设历史悠久，是经过不断的整顿完善才有这些规章制度之产生。

石柱堂观音棚诸神摆设示意图：

观音菩萨	天神
谭公仙圣	

官坪炽昌堂观音崇拜与祖先崇拜虽属同一神圣空间，但以神龛位置高矮分成两个系统。

俗民认为观音菩萨，是天上的大神之一，大屋内有了她坐镇，客家研究大讲坛丛书·第二辑

一切阴神煞鬼都不敢进屋,故族人(女性居多)有什么病痛,多有求观音赐神水解脱,尤其是希望来年添丁者,更加虔诚,每逢初一、十五必到坛烧香。因此,观音神龛虽设在祖堂,但其位置却被安置在青龙片且比祖宗神龛更高的位置。

大塘村梁姓孝端公祠的观音棚加奉保生大帝。

大塘村梁姓孝端公祠内另有一独立单元叫德厚居。德厚居正厅诸神神位牌书写格式如下:

| 法宏梁法师神位 | 观音菩萨神伯公 | 杨公仙师 | 保生大帝神位 |

据笔者考察,松口民间家庭多安观音神像,每日点上一炷香,面对普度众生的观音,求福禳灾,保佑家人一日平安。笔者问,大家都住在同一宗祠内,在祠内已供有统一的观音菩萨,为什么各家各户还要另设观音。报告人说,虽在祖堂或在观音堂有供奉观音,但那是管整个房族的,因房族人多,未必能关心到个人。现各个家庭安奉一个观音,初一、十五行香,早晚添茶水,有生果也拿去作供品,天天侍奉,"那观音就能专门关心到我一个小家。我感觉,自安了观音,我及家人都很顺利。我原来体质较差,多病痛,后来有一次梦见有一人从莲池中出来送药给我,我感到奇怪,第二天起来仍在想昨夜的梦,在打扫卫生抹橱窗时,发现橱内摆着一尊工艺瓷坐莲观音,过去没有注意,今天看了后联想昨夜之梦,莫非梦中之人即观音菩萨?后来也有叔婆伯姆(母)来嬲,谈起此事,都认为该梦与观音有关,遂提醒我,说我身体多病,最好安一个观音侍奉。"其安奉仪式为:先到观音店请一尊与梦中所见观音相同之神像,送到庙堂去先行香半月,然后请和尚进行开光,尔后即可择日接回家中安放。"在观音像前放三个杯子,每天给他添茶水,不

是斟酒和茶，而是斟白开水，待行过香后，该水即是观音所施仙水"。笔者往访时，报告人家中的神龛上放着两个观音像。据报告人说，其中一个是另一善信搭放代行香的，待开光后，俗民才接回其家中。

从上举观察，笔者作如下初步推论：松口民间观音棚之设，历史悠久。观音棚内神灵之摆设，与郊野之神庙并无不同。如果确有不同，则是一在郊野，一在围龙屋之内，使神灵与俗民靠得更近而已。俗民认为，人神同居，便于感情沟通。这种人神共处之俗是原始宗教信仰的遗俗表征之一。

三、客家人创造的女地方神

1. 痘神信仰

在传统社会中，客家人认为儿童出痘是由痘神控制的。对于痘神具体何人，其性别是男是女，客家妇女并不知道。不同的地方对痘神有不同的称呼，有的称痘公，有的称痘母。很难说清是男神还是女神，而且这似乎也并不重要。重要的是痘神的功能，以及妇女通过祭拜痘神之后给不安情绪带来的抚慰。

相传民间最初只供着痘母，后来乡民怕痘母太寂寞，就刻了痘公神像，作为痘母的丈夫供奉在侧。由此亦可看出，在民间，神明的产生在很大程度上是根据民众在现实生活中的需要创造出来的。在福建河田，出生的小孩一到三朝，就去拜痘公痘母，祭拜过后才能"洗三朝"。据说如此可以保小孩平安无事。据当地文献记载，过去当地的儿童因出痘而死亡的极多，因而对出痘极为恐惧，以致当地妇女对痘母的祭拜十分盛行。在发现小孩出痘后，为母者必带上供品拜祭痘母保佑小孩顺利渡过难关。

在丰顺县邓屋寨等大型聚居村落都供着"麻公痘公"的神像，用于护佑幼儿。据调查，过去由于医疗条件差，麻症、痘症流行厉害，尤其是每年春季、夏初，婴幼儿童出麻、出痘者甚多，不少幼儿因得此病而断送生命。因此，每年春季和初夏都有不少为人母、为人祖母的妇女，带着香烛供品到"麻公痘公"菩萨面前祈祷。称麻公痘公为"心好爹"、"心好妈"。若小孩只有麻痘的象征，她们就祈求说："小子还年小，让他再过两年出麻（或出痘）吧！"若小孩已有明显的症状，她们则祈求说"让小孩的痛苦减轻一点"，或"让小孩的麻痘出得'斯文一点'，出好了再来酬谢！"去祈求时，还得带上芝麻或豆子去做供品。

2. 天花神信仰

在赣州七里镇，管天花的称为仙娘。相传，从前七里镇的孩子发天花的很多，死了不少孩子。后来有个老太太到此地为许多孩子治好了病。人们都想去感谢她，她说："不用谢了，要么你们就在村里建一座庙吧。"村人以为这是天花圣母显灵，就建了一座仙娘庙来纪念天花圣母。在传统社会中，七里镇是个繁华的商业镇，人口稠密，孩子很多，而小孩发天花轻则毁容，重则死亡，使家人十分担心害怕，于是请仙娘神救村民的这种心理产生了。此后仙娘的功能逐渐从"保佑孩子免发天花，佑妇女早生贵子"的生育神扩展到"保障合坊村民五谷丰登，风调雨顺，家宅平安，身体健康"的女神。

在宁都县梅江镇关帝庙的"七仙娘娘殿"中，则供奉有11位神，主殿上供的10个都是女性神明，其中三个是头戴凤冠的三太夫人，中间的太婆婆主管天花，左侧的二婆婆主管麻疹，右侧的小婆婆主管水痘。下座双手执圭的是三太夫人的七个女儿。每逢正月，合坊的百姓都前去烧香磕头，顶礼膜拜，祈求自己的小孩平安。而在瑞金县城的两座仙太庙中则供着凌霄、碧霄和琼霄三位仙太。据传她们都是痘神，专管人间的痘花。每年农历五月二十是仙太庙的庙会，此会只有清一色的妇女参加，在那妇女们几乎不能出门的年代里，她们到此庙参加庙会，为自己的儿孙祈求平安的步伐却不可阻挡。

在粤闽赣边地区，这种供奉痘神或天花神的庙宇或神坛相当常见。反映了在医疗技术落后的传统社会中，人们对小孩出麻疹、得天花的无能为力。

3. 七圣宫七娘信仰

1686年《长汀县志》云:"祀井神,处处有之。岁六月十一诞辰,民虔致祭。"1782年《长汀县志》:"即明溪圣七娘——各坊崇祀甚多。"1879年《长汀县志》亦载:"明溪莘七娘,坊厢多有。"该志卷13祠庙中的"如意宫"条载曰:"先是邑建七圣宫,遍处皆塑夫人七位,误以七娘为七娘,因而神像高满尺,庙亦广大不盈丈,每忽其狭小,灵异未之闻。……"从洪迈《夷坚志·丙集下》一条有关汀州"有七姑子之扰方"之记载,可看出她们是厉鬼:"赣亦有之,盖山鬼也,遍城郭邑聚多立祠宇,其状乃七妇人,颇能兴祸咎。"有一次一位当官的要把七姑庙撤掉,可是后来挖井,水不清,两位当地人告诉他:"土神庙貌已旧,州人赖之,今既与院中无所妨,欲姑存之。"当官的回答说,她们如果能够让泉水变清,就可以,结果水真的变清,"于是度为葺其祠焉"。从上述的记载可看出,客家地区的七圣宫所祭供的主神并不统一,有的祀井神,但大部分都是祀七个女神,人称"七姑婆太",七月七日为诞日,庙今毁。而同是祭供七姑婆太的庙在武平县北门尚存庙址。事实上七圣应该是指明溪莘七娘,但在客家民间,大多数人并不知晓,都认为七娘是七位夫人。

4. 麒麟仙妈

在清流县灵地镇有座麒麟仙庵,里面主要供着"麒麟仙妈"。骑着麒麟的麒麟仙妈供在神龛的正中,旁边供着吉祥菩萨。附近的妇女常到庵中祈求早生儿子。生了孩子的会在三朝日送姜酒给仙妈与吉祥菩萨上供。每年正月初十的麒麟仙妈生日,村中由群众自愿组成的"麒麟仙会"会员都会敲锣打鼓,带上供品到庵中向麒麟仙妈祝寿。祝寿后到办宴的会友家"吃麒麟仙会"。

四、作为男神的配偶而奉祀的女神信仰

1. 土地婆

客家地区土地神俗称伯公,而且都有配偶土地婆,土地婆俗称

伯婆。

"伯公娶伯婆"的传说:广东和平县东10里有个叫船坑的地方,那地方的伯公本来没有老婆。一天,有个兴宁县的杂货商来求告船坑伯公,说是如果伯公保佑他今年赚得100块花边,他就到雕刻店刻个伯婆来酬谢。当年,这个杂货商果然赚了100块花边,并果真刻了一尊伯婆用担子挑着来酬谢伯公。到了伯公坛前,他见坛前挤满了人。原来,伯公已先托梦给船坑村民,他将在今日娶亲,村民们赶来赴会却不知伯婆从何而来。杂货商见人多,放下担子先卖杂货。村民们看到担子里的伯婆像,又听杂货商说出一番原由来,就烧香、点烛、打纸炮,请伯婆登坛同伯公并排而坐。后来,这个伯公又娶了个小老婆。因为有人学兴宁县杂货商的样,赚了钱就还愿送伯公一个小老婆。

2. 灶君太太

民间把灶神称为"灶君"、"灶君老母"或"灶君太太"。其中,灶君指的是张单,因家境清贫替人烧火发明了造灶做饭,故被封为灶神。灶君老母或灶君太太指的是他的妻子。关于灶君与灶君太太在当地有个传说:

玉皇大帝的女儿看到张单勤劳忠厚而家境清贫,心生爱慕而私下凡间,与张单结为夫妻,夫妇俩每日教人造灶,用灶烧饭,比埋锅烧饭方便多了。后因玉帝女儿想念父母姐妹,乃带张单同赴天庭省亲,玉帝不喜张单这个"烧火佬",但王母娘娘疼爱女儿,要玉帝给张单封官,玉帝因张单发明了灶,就顺水推舟封他为灶王神。因张单敦厚老实,故不甚出名;而其妻聪明伶俐,妙计百出,又处事公正,好抱不平,经常替人排难解困,出谋划策,在人间广施德惠,深受凡人爱戴,故一般人都称灶王神为"灶君老母"或灶君太太。

第二节 客家地区的天后信仰

一、客家地区的天后信仰特点

天后信仰起源于五代宋初莆田湄洲岛,本是水上居民的民间信仰,带有很浓的巫术色彩,据有的学者研究,当时湄洲岛的水上居民属于疍民,也是百越先民之一。因此天后信仰源于百越族的信仰神灵。

客家民间对天后十分崇拜,尤以处在江河沿岸、对外商业贸易比较发达的地区。如梅县,由于明末以来男人出洋谋生者众多,与护航拯溺、保佑经商发财有关的天后信仰便在侨乡不胫而走。据钟佳华对梅县西阳天后信仰的调查:

> 天后庙(圣母宫)地处梅江河畔,对面是客运渡口。乡人谓圣母管水,凡是往南洋者,无不先往圣母宫上香,祈求飘洋过海能平安抵达;回乡后,不论赚钱与否,都会在圣母宫许愿还香。对于华侨而言,圣母是他们的守护神,今天坐落于西阳市旧墟的圣母宫(在原址新建)即是在广大华侨的要求及捐资下而重建的,足见乡人对始祖的崇敬。①

天后是备受客家妇女信仰的神明。客家妇女称天后为"天妃娘娘"、"天后娘娘"、"天后哀太"。有趣的是,不少地方的林氏族谱把天后称为"姑婆太",以示血缘上的同宗关系。客家妇女祭拜天后的目的多半在于祈保妇女的顺产,婴儿的平安。天后充当着妇女生育保护神的角色。客家妇女在生小孩时,往往祈求观音与天后的保护。尤其是在难产时,家人更是虔诚备至,急忙烧香秉烛,大

---

① 刘佳华:《庙宇·宗教·士绅》,载《客家研究辑刊》,1998年第1、2期合刊。第217-218页。

声呼请不止。小孩生下后,若家中小孩多病多灾或者请地理先生排算八字后发现命比较"硬",或与父母及其他亲人相克,就得把小孩契给神明当"契子"。做母亲的或做奶奶的就会把小孩契给天后当孩子,请天后保佑小孩健康顺利成长。契子最多的神明为观音与天后,因而在民间,含有"马"字的名字十分常见。

天后在梅州山区的民间信仰体系中,属外来的水神。大者分布在梅江流域主要墟市码头。

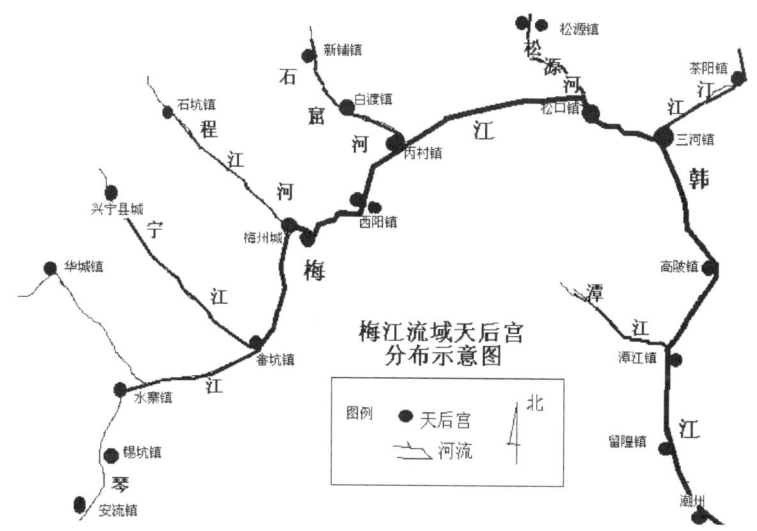

二、天后信仰及其庙会

从田野考察看,外来水神天后信仰已在粤东山区地方化或曰俗化,俗民已把其当作地方俗神奉祀,每年为其举行特定的纪念活动,其仪规已相当组织化。以下介绍三个个案。

1. 梅州古城的天后宫庙会

旧时,梅州城农历三月二十三的天后圣母诞庙会和五月节的端阳天后宫庙会规模都相当大,独领风骚。

三月圣母诞庙会又曰娘娘庙会。天后宫在树湖坪,靠程江河边的油罗码头，旧时货运船只多到此避风和停泊。此处因商贸活跃，水上街市异常繁华，有"梅江酒舫，笙歌达旦，俨小秦淮"之称。因此，每逢船只（货船）安全抵梅停泊于此处时，舟人必到天后宫拜祭水神娘娘，答谢神灵的"保护"，这种祭神活动，逐渐变成娘娘庙会，举行迎神赛会。农历三月二十三为天后生日。神诞前，人们便用木辇抬着天后宫的圣母神像，伴着笙歌鼓乐八音，逐队幢幢，沿街游行，接受人间香火，谓之"圣母出巡散福"；各街各甲则张灯结彩，迎接娘娘的驾临，非常热闹；神诞日，在天后宫内则举行祭神活动，俗民都到宫进香，庆诞求佑。时人梁伯聪有诗云："大平乐岁庆遭逢，逐甲分街彩扮恭。仿取潮安灯景例，游行圣母比青龙。"并注"昔遇丰年乐岁时候，三月圣母诞日，辄仿潮州府迎青龙之例，分街分甲彩扮灯景，非常热闹，其时潮商店多景物多，由潮商迎神后转买而来，装饰整齐生动"。①

五月端阳节庙会。端阳节当地人称五月节，其时瘴雾毒恶，俗谓"恶月"节，故俗民挂菖蒲辟恶，祭水神求佑。

端阳节庙会以天后宫为中心②，在宫前举行龙舟下水仪式、举行赛龙舟游神船活动。初五上午，在天后宫举行祭神和龙舟下水、迎圣母神位到神船安座典礼。其时，神船用红纸写上天后圣母之神位，插在香炉上。神船通常有十五六艘，船为六篷的民船，把篷撑起，用纸扎成三层楼阁，遍插五色长方绸旗，配上鼓乐八音；龙舟竞赛时，神船收费载客作为观船；另还有一些大商号自己彩扮的花船，游于河中，观看龙舟竞赛。龙舟竞赛由商会、地方官及绅士组成理事会，并于赛前制定比赛和奖励办法，做好写着"江中第一"、"水上英雄"、"尚武精神"为字样的奖旗。竞赛时，在旗端系上奖金，并将其插在天后宫对面的坝尾咀上。龙舟竞赛时间为初

---

① 见梁伯聪未刊诗集《梅县风土二百咏》，该诗集编辑于1944年。故文中提到40年前当为1904年，诗中所记庙会活动当在清代。

② 据梅县道教协会的杨爵谦、谢银英等老人提供，丘逸的《1935、1936年的赛龙舟》一文（见《梅江文史》第三辑），梁伯聪的《梅县风土二百咏》和梅县商会的片断资料。

五、初六下午；竞赛地点在梅江河之梅江桥至乖子渡口即今嘉应大桥至范屋门口这一段；参赛的除按市区分的上市、下市两队外，另有行业性的粮食业、纺织业、航运业等也组织参赛队。参赛龙舟每年最少2条，最多时达6条，分红龙（红色）、黄龙（黄色）、青龙（青色）等；各条龙舟竞赛之前，均先划向天后宫"参神"，即进行焚香、放鞭炮，遥向水神娘娘参拜，然后又向沿江神祇如龙王、梅溪公王、水打伯公等神"参神"，尔后才划去参赛。每条参赛龙舟均有1人主持指挥并跳龙船头。跳龙船头是一项高难度的民间特技，他应在龙舟快速前进中跳起并落回原立脚位。道具用一鼓（固定在船头）一锣（手持），开赛号令一响，龙舟在跳龙船头人指挥下，击鼓鸣锣"咚咚！锵！咚锵！咚咚锵！"有节奏地指挥着龙舟前进①。庙会期间，梅州古城"扬州夜市"，牵动赣南、闽西毗邻地区人士，前来赶庙会，赴会景，商贸活跃，交通、旅馆、饮食、京果、百货、布匹等行业，尤为兴旺，商贾生意兴隆。（欧阳英，1997）

2. 兴宁县的天后圣母宫庙会

天后圣母娘娘宫坐落在兴城镇后街。每年的农历三月二十三为圣母娘娘出行日，城内城郊热闹非常，时人有顺口溜曰："三月二十三，神明来出行，大家出来看，怎敢隆咚参！"（罗康，1996）

出行组织中选"理事"至关重要，由兴城西河背甘葛岭陈氏宗族派出代表，在出行前1个月推选出"总理"（首事），以抽签方式产生理事60至80名，共同承担出行事宜。

圣母娘娘出行要梳妆打扮，沐浴洁身，更换新衣。据兴城镇百岁老人七娘回忆，她曾亲历其事。她于娘娘出行的前一天到宫里上香念经催醒娘娘后，端盆清水，用白色毛巾为娘娘洗脸抹身。换下的旧衣服，很快就被人争抢去做衣服给小孩穿，俗谓小孩穿上它能快长大。

出行队伍顺序前列为2名跑马者开路，紧接着是15至16块

---

① 1935—1936年，上市队（红龙）由乖子渡人范亚火、下市队（黄龙）由新码头人饶导祥主持指挥和跳龙船头。

"肃静"、"回避"牌匾;稻和社、潮州大锣鼓、八音(乐队);木雕镀金圣母娘娘坐像①;"古事"少则5至6架,多则12至15架,每架8人抬,内容取自《三国演义》、《水浒传》、《西游记》中的故事情节片断。

出行在上午8时从天后街神坛起程,经城镇大新街、东街、北街、石光街、金带街、万盛街、河唇街、上下盐铺街、华兴街、西门街、河背街至永泰街后回宫。

俗民为使娘娘吃好吃饱后出行,庙会前几天就到城镇订购豆沙大麒麟饼,敬奉娘娘出行吉祥如意,保庶民平安业兴。出行之日,当事人务必素食,而信众则斋荤自便。

3. 长乐县华城镇"三月三"天妃庙会

华城镇天妃庙设于城南天后街,全庙为上下两堂的平房建筑,上堂正厅设天妃神像并立神位牌。庙前筑有固定戏台,为庙会专门演戏之用,称为"天妃戏棚"。天妃庙会是华城镇有代表性的特大盛会。由于这一庙会定于农历三月二十三为"出巡"日,俗称"三月三""天妃娘娘生日"②。如下介绍一位地方文化人记述而且亲历的"天妃娘娘生日"庙会,时间为1949年以前,整个庙会历时3天3夜。(张泉清,1996)

从三月二十二开始,凡主持本届庙会的总理(首事)集中于天妃庙开始正式执事主持庙会,俗叫起会。起会除总理(首事)到位执事外,其余凡受雇的道士、吹鼓手、戏班、厨师等都必须按时到场,各就各位,各司其事。此外,一切发动工作,亦必须同时全部落实、兑现。其中最主要的是发动商民"彩花街"和发动善男信女组织锣鼓队伍、文艺队伍于三月二十三跟随"娘娘出巡"。

"彩花街"就是用布幕把街道上空遮蔽,然后在布幕下挂上各

---

① 形似靠椅的神座,像前放1座香炉,台上摆供奉食品,由4人抬。
② 林美容、谢重光教授点评曰:将天妃神诞农历三月二十三呼为"三月三"天妃娘娘生日,似应五华县之俗。此"三月三"节与玄天上帝的神诞日"三月三"等有无关联?待考。据笔者访问当地长老张泉清等先生,均未闻有何联系。廖迪生教授指出:香港的妈祖诞时间不一,既有三月二十三,也有四月、七月等,具有弹性。

种纸花、彩灯,把街道装饰得如花似锦。天妃庙前红灯(笼)高挂,红联张贴,庙内烛光辉照,香烟缭绕;庙门外空地上搭起的"笛棚"吹鼓手如期吹打。"天妃戏棚"的戏班①按期开锣演戏:三月二十二下午2至5时"做日戏";夜晚8至12时"做上夜戏"。这种"日戏"和"上夜戏"皆演传统的"三戏周瑜"、"水淹金山"、"唐僧取经"等戏本,称之为"正本戏"。午夜至天亮之前,则演调笑一类的"小品",称之为"下夜耍戏"。有一个不成文的规矩,日戏和上夜的"正本戏",男女老幼皆看,"下夜耍戏"则为妇女、小孩所不宜,只许成年男人观看。因此,午夜之后,便是男人世界。

庙会期间要组织善男信女在天妃神坛前抽签产生下届庙会的主持者:首事,俗称之为"拈首事"。上表的程序是:凡上表者,先到总理处领取"表文"并交纳"上表费"②,然后把"表文"交与道士,并在道士引导下开始"上表"。开坛时,上表者必须亲自点烛燃香,跪于神前,道士则"敲当"朗声念诵表文,当念至信士某某某(上表者姓名)时,上表人必须叩头表示虔诚,而整篇表文念完时,上表者则应"三叩头"表示祈求之诚心。最后道士将表文连同"纸宝"一并焚于神前,并得一"称告",表示天妃已允诺上表人祈求③。紧接着上表人起身走近神前"斗"中抽签,如果抽出的"红签"纸上写有"首事"字样,那么这位上表人即"当选"为下届庙会的"首事"。

上表从起会至庙会结束前均可进行,不论街道商民或附近城乡居民都可参与。④ 上表仪式结束后,上表人可随时在庙会即席就餐

---

① 多数雇请该县木偶戏剧团"林华堂"。
② 上表费包括上表者所需的香纸费和上表后可在庙中就席一餐的伙食费,以及本次庙会经费支出的部分分担费。
③ 天后信仰中,俗民的许愿、还愿是宗教仪式的重要部分,可参考房学嘉主编《梅州地区的庙会与宗族》、《梅州河源地区的村落文化》等,在此不再展开叙述。
④ 上表时家长不必亲往,但填表时则必须以家长领衔填写,这是因为上表后必须抽签,而签赐首事又必须以家庭负担经济之故。

一次,叫做"坐流水席"。

庙会最重要最庄严的仪式是抬着天妃神像和神位牌往各条街道巡行,过程十分隆重。神童是天妃神的化身①,所以庙会时,他应在"落童"状态下坐着"刀床轿"、"钉床轿"紧跟在神位牌后参加"出巡"游行。首先,执事们把天妃神像、神位牌从庙中"请"出,置于无篷的"天轿"上,再摆好"阵容",按序出发②。由于簇拥队伍来自四面八方,且人数众多,因此,行进速度非常缓慢,往往从上午10时开始至下午4时才能结束。天妃出巡时各街道、各行业组织的大小锣鼓班少则几十,多则上百,足见天妃出巡声势之大③。

三、梅州天后庙宇的分布特点

以地理位置分,梅州天后宫宇主要分布在梅江流域及其支流的沿江两岸,如梅江、石窟河、松源河、宁江、琴江等主要码头;以商埠分,分布地既有水路交通的交汇点,也有陆路转运站,主要在南北商贸集散的墟市,以天后为轴心所建立的商业网络所在地。

如粤东商品集散地兴宁县城④,是梅州地区中部水陆交通枢纽,素有"小南京"之称。这个重镇既有地方上的天后圣母庙,又有潮帮商会会馆,是一个集会馆与神庙于一体的妈祖庙。

又如长乐县在梅州西部,天后信仰比较突出的重要商埠有两个,一是华城镇,它是梅州通往龙川、惠州、广州的陆路出口。二

---

① 庙会时,道士不参加出巡,因为道士不是神的化身。

② 为使出行有秩序,各街道、乡村队伍,须在出发前派代表在"神"前抽签,排定次序并严格执行,以免争先恐后。

③ 天妃出巡时,锣鼓队伍分大锣鼓班和小锣鼓班。大锣鼓班少则10余人,多则几十人组成,敲打大鼓、高锣、大小钹等几十件打击乐器,并配以海螺、唢呐吹奏,旋律高亢时如急风骤雨,十分雄壮;缓慢时如诉如叙,十分悠扬。

④ 兴宁城处于梅江支流宁江码头,是梅州通往广州及赣南的十字路口,向为粤东商品集散地。

是安流镇，它既是琴江的重要码头墟市，又是梅州通往海陆丰沿海地区的水陆出口。

再如镇平县石窟河上的重要码头商埠新铺镇的天后宫在福岭石鼓潭南的河堤上，建于乾隆年间，道光十九年（1839）重修。宫为二进建筑，硬山顶式，门楼作牌楼形，用花岗石砌成，门逆石窟河水，供奉天后娘娘。该镇还有"妈祖姑婆庙"在奇峰寺西侧，庙不大，供奉天后林氏。（林清水，1997）

此外，大埔县的茶阳镇、三河镇、高陂镇，丰顺县的喦隍镇①等，都是韩江梅州段沿岸的重要码头墟市，天后信徒相当多。

至清末，嘉应五属中，仅梅县就有影响比较大的天后宫宇11座，主要分布在梅江两岸重要码头或陆路交通要道上的墟市等。程乡县天后宫（庙）统计如下表。（温仲和，1898）

乡堡	数量	备考
梅州城内	1	天后庙即天妃宫，在上市
梅州城西	1	天后庙在城西南树湖，又名大榕阁
大立堡	1	天后宫在小立河口，同治年间建
长滩堡	1	天后宫在赤水约，嘉庆年间建
大平堡	1	天后宫在大平市，雍正年间建
西阳堡	2	天后庙一在市中区，一在石马渡南岸
金盘堡	1	天后庙在鳄骨潭侧
松口堡	1	天后宫在松市下街，乾隆二十年建
松源堡	2	天后宫一在怀仁市，一在峡峰
小计	11	

---

① 喦隍镇天后圣母宫，建于乾隆五十四年（1789），俗民传说天后圣母宫系由汕头传入，颇有影响。

梅县天后信仰影响较大的商埠主要有三个。

一是梅江流域梅州首府梅城，这里是粤东北地区，特别是嘉应州各属的政治、经济、文化中心，其中较大宗的进出口商品是盐、竹、木与粮食等。据文献考察，旧时梅州城区，就有不同信仰圈的天后宫2座。

（1）大榕阁与圣母宫。大榕阁，曾称天妃宫，俗称圣母宫，在树湖坪程江河畔即今凌风西路洪屋巷。阁楼正殿主祀天后圣母（中），并祀财神（左）与观音（右）；还有千里眼、顺风耳等小神。据文献考证：程乡县城"保障梅州阁，在南门河岸下，立水门，上祀水神。康熙二十八年（1689），知县刘广聪鼎建"（刘广聪，1993）。每年二月、八月上癸日由官方派员祭祀；逢三月二十三圣母神诞和五月初五端阳节，分别举行隆重的庙会，并组织龙舟竞渡，而龙舟也停放于该宫内。

（2）圣母宫即天妃宫，在上市的程江桥头，祀天后圣母，人称上圣母宫（即在大榕阁上游）。可惜该宫已毁，温仲和在光绪年间编撰的《嘉应州志》中虽有记载，但只短短三四句，且无该宫的始建时间及庙会活动内容。

二是梅江出口的重要码头松口镇，这里是粤闽物资集散地之一。天后宫建于乾隆二十年（1755）冬，由"绅耆士庶鼎建"。宫在梅江之北岸登龙桥畔，三堂两横式结构，占地360平方米，门前有斗方与门楼。在20世纪40年代因建松口梅东桥而拆去其右横屋，70年代改为镇工艺厂，现梅东桥之北岸工艺厂即其故址。

三是松源镇，它是梅江通往福建省武平县、上杭县的重要码头。松源镇有天后宫2座，其中位于怀仁市的规模最大，甚至比梅州城的都大，这也从一个侧面说明松源镇在粤闽边贸中有着不俗的地位。

附录：新铺镇天后宫护堤碑

钦加同知衔署理镇平县正堂加十级记录十次刘为出示严禁事

现据金沙乡监生陈万青、生员陈卓鸿、陈长林、陈怀清、陈育仁、训导陈钟岳、五品诰职陈步云、生员陈恭虞、陈嗣绪、陈绍曾等联名禀称，生等罗田坝河堤，前蒙各大宪拨款□丙午始行修复，并种竹木，迄今均□茂盛。本年春夏交接，河水不时暴涨，生等再行设法捐资数十金及□烟户派工加筑。择本月初七日兴工，现已工竣。然生等村中常有不法之辈及无知妇女牧牛，牵在堤所，踏坏行堤崩颓及砍伐竹木芒草时有所闻，生等迭次悬贴严禁，仍蹈古辙，置论不耳，蛮抗难堪。若不联吁示禁，将来效尤日益，宪天下关心民瘼无微不烛，通得联叩恩准示禁等请到县。据此除批揭示外，合行出示严禁，为此示谕，该处附近居民人等知悉。尔等须知罗田坝河堤系保卫村中田园庐墓，今堤中竹木芒草茂盛，无论何人均不准在堤砍伐竹木芒草，纵畜践踏，如敢故违定即拘案究办，其各凛遵毋违，切切特示：

一议砍伐竹木竹笋者，每条罚银贰大圆，报知者指证赏银壹大圆正；

一议砍伐芒草等者不论老幼罚银壹大圆，报知指证者赏银半圆正；

一议纵畜践踏河堤者罚银壹大圆，报知连牛羊带到者赏银半圆正；

一议风吹倒之竹木务要报众查明，始得方砍，如不报明即照砍伐竹木之罪而罚。

宣统元年五月初八日示

告示发帖天后宫

第三节 客家妇女在民间宗教中的角色

参加神明会组织。在客家地区,信徒众多的神明都有相关的神明会组织,如观音会、夫人会等。客家妇女对观音会等以女神为主题的神明会组织都表现出相当高的参与热情,如在梅县西阳镇,就存在观音会、老观音会和圣母会等神明会组织,有的信徒同时加入三种神明会。由于许多神明都是女神,所司职能都与妇女的日常生活息息相关,而且崇拜者皆以妇女为主,所以崇拜活动的不少内容已经民俗化,变成了妇女、儿童民俗生活的一个重要组成部分。各种名目多样的神明崇拜活动、神明会组织状况在粤东梅州与闽西、赣南等形式都大同小异。客家地区妇女热衷神明崇拜活动的原因,钟佳华在其《梅县西阳镇宗族、庙宇与墟市》[①] 一文中有详细论述,现引述如下:

客家妇女的勤俭持家的美德经常被人称赞,然而我们却忽略了她们美德背后所付出的代价,尤其是妇女内心世界的悲苦。客家山歌留下了不少关于童养媳、等郎妹及隔山娶等婚姻造成的凄苦独白:

做童养媳苦啾啾,食着冇来打骂有,
三更半夜思想起,气难平来恨难休。
十八娇娇三岁郎,半夜想起痛心肠,
等得郎大妹又老,等得花开叶又黄。
筷子拿来打铜锣,过番老公当过冇;
有钱就话转唔得,有钱又讲娶番婆。
床头吃饭床尾眠,冇人冇侄安苦情;
日里唔敢同人聊,夜里冇只断肠人。
十五唔敢看月光,过年唔敢着新装;
心中有话冇人讲,一生孤枕守空房。

---

① 详见《客家研究辑刊》,2008年,第1、2期合刊。

对于那些新婚的妇女,结婚后不久,丈夫便要离乡背井,然后经年不见,其思恋之苦不言而喻:

日头一出照西方,唐山隔番路头长;
鸳鸯枕上有双对,日里盼夫夜思量。

妇女在料理家务之余,还得恪守妇道,服侍双亲。若与公婆相处不和谐,则要遭受家人的冷落。一位报告人倾诉道:丈夫长期出外,剩下妻子一人在家,一切都要听从公公婆婆的吩咐,否则,随时给公公婆婆和族中叔公头夺走(改嫁),无生养的女人,更不时要看家人的脸色。总之,一切都要遵从三从四德。许多山歌反映了妇女的这种悲苦:

嘱郎莫去过南洋,人心难测水难量;
丢下妹子无依靠,锁匙难带家难当。

客家妇女面对这样压抑的生活环境,如何寻求解脱,获得精神支柱便变得很重要。因此,唱山歌成为一种宣泄情感的方式。但是在传统社会,地方政府和宗族都明文规定,唱山歌是禁止的。因此,烧香拜佛正好为客家妇女提供了一条光明而合法的出路。正如一些人所言:"这也许跟客家妇女在封建社会所遭遇的苦难命运有关,以为菩萨会同情和帮助妇女解脱苦难。"同时通过拜神这种过程,妇女找到了倾诉的对象;并且通过祈求神明的庇护,保佑丈夫早日平安回家,妇女因此得到精神上的寄托。这些原因解释了客家妇女热衷于神明信仰的现象。

客家妇女的生活除了受本土文化、传统礼教的影响外,佛、道、巫教乃至基督教等对其影响也不小。

据房学嘉对梅州的调查与研究,客家地区民间的道教、佛教信徒以女性为主,依其身份可区分为四类:一是斋嬷(年轻者斋姊),不需剃度、吃斋,可自由结婚,婚后也可以继续做斋嬷;每日活动包括早晚课,其余时间若无信士上香或要求做法事,则可习练法事经文、程序及技术,或多自由活动。二是尼姑,接受三皈五戒,每日除早晚课外,需自修佛理、诵经,多数尼姑会到梅州市区佛教所在地千佛塔学习佛学,一年除三次主要的法会(即祈福、

第六章 客家妇女与信仰文化

暖福、还福）外，极少帮单独的信士做祈福、消灾的法事，尤其不做香花佛事。三是居士，虽属于在家居士，但因成立佛堂而有主持，称为林长或主持，他们也需接受三皈五戒，但不需剃度，以严格的早晚课为修习佛法的内容。四是仙姑（或称仙姑嬷），是有神灵附身能"通神"的人，在家供奉所附之神的牌位，通常受人委托或带人到庙中办理祈福驱祸的法事，指示人到何庙及应做什么法事等，能看运及直接为人做法事。

佛教约在两汉之际传入我国。梅州地区佛教僧尼活动场所以寺庵为主。教徒每天暮鼓晨钟，诵经念佛，研习佛教教义等。在梅州有不少佛教寺庙，如梅城西区的大觉寺建于南朝时期梁普通三年（522），是梅州市现存寺庙中历史最悠久的一座，阴那山灵光寺是粤东佛教圣地，位于梅州市东郊45公里，建于唐咸通年间（860—874），是广东四大名山古刹之一。

民间佛教对客家妇女的影响在各种宗教中可能是最大的，佛教的一些教义对客家妇女的言行产生了深远的影响。不仅客家围龙屋的祖堂上供有观音，受客家妇女的祭拜，有的客家妇女还在家中厅堂供有佛像，日日祭拜保全家平安。当遇菩萨生日或其他庙会活动时，客家妇女常常三五成群去参与，甚至去组织，给平常辛劳单调的农家生活增添了不少乐趣，使疲惫的身心得到放松与休闲。当客家妇女死后，家人均会请和尚或斋嬷到家中为其做佛事，超度亡魂。当然，佛教对客家妇女家庭生活的影响远远不止这些。

道教是在中国古代宗族信仰的基础上发展起来的，是中国本土的宗教。道教的基本教义是"道"，认为宇宙、阴阳、万物都是由它化生出来的，希望长生不老，活着就要成为神仙。道教文化在粤东地区影响很大，早在三国西晋时梅县明山嶂中峰即有道观招仙观之设。近代影响比较大的道观为梅县城紫金山于清朝乾嘉年间建的吕祖坛。吕祖即是神话传说"八仙"中的吕洞宾吕纯阳。传说，他原是"打搏筒"卖药行医的江湖郎中，后被尊为"吕帝"。"吕帝坛"设有"药签筒"三种，一筒为内科，一筒为外科，一筒为眼科，供善男信女求医问药。

斋嬷——寺庙神职人员。1940年12月14日《梅县中山日报》登载：梅县各乡大小庵庙有300余所，僧人200多人，斋嬷180余人。主要集中在城郊一带。斋嬷与尼姑的区别就是头发的蓄与剃的问题。辛亥革命前，大多削发，后来帝制推翻，风气日新，许多尼姑感到在日常生活中老是要用布遮住光头，很是不便，于是开始蓄发。斋嬷可以生儿育女，其主要职业是为丧家举行超度仪式。

客家地区的女巫，名"仙姑"或"仙姑嬷"或"仙婆"。据说，仙姑，能请神问鬼，替人们驱邪去灾。其作法行术，花样繁多。对此，志书多有记载。如，《石窟一征·教养二》卷三载："俗妇女多信仙姑，平民妇忽有神灵附其体，其名曰仙姑，殆女流也。屈大均事语所谓仙姑者即此。但彼以瞽人妇为之，此即随仙之所附，招之不来，挥之不去者也。其人为仙姑，所托即名之曰仙姑。仙姑平时饮食言语，一如常人。有延之请仙者，用线一绺、米一升，于室中焚香纸，设酒脯。仙姑伏于桌间，不顷喉中咯咯有声，仙姑来矣。仙姑能歌其歌，即叙家常闲话。或病人请仙姑，则仙姑所歌皆论其病之所从来及须祈禳与否。仙姑去后，则其家之亡人接踵而至，哀乐喜怒各尽其意中之所欲言而出，每道痛切处，能令生人泪涔涔下也。有病辄以病人八字问仙姑，有灾星否，当祈禳否，谓之论命。或仙姑破一卵视其中黄白若何，以审其病之轻重。或令其剪纸叠于床席之间压之，或令其施衣纸按方向送之。或曰宜如师巫，或曰当祷社庙，或曰疾不可为也。往往有验，妇人以为灵。"总之，仙姑行巫术时，摆好供桌，献上祀品，并焚香烧纸，待仙姑身体颤动后，说明已把神灵请到，并且神灵附在其身上。如是，凡人就可以通过仙姑与神鬼交谈了。若是碰到有病需要祈禳，或者用病人生肖剪成肖物，压在床席之间；或叫问仙者施衣纸按指定方向焚烧。在客家地区，妇女常为家属生病去问仙，请仙姑仙婆治病。若是家里遇到了灾难，或是梦到死去的亲人在阴间生活得不自在都会通过仙姑仙婆来解决。

客俗称女巫为仙婆或仙姑嬷。其法术有请神问鬼、解厄、导游阴曹地府等。

请神问鬼时在房屋的厅堂中放一张八仙桌，桌上放香炉、烛台和祭祀用的物品，焚香烧纸后，即请鬼神降临，过一会儿，仙婆开始浑身颤抖，说明神明已经附体，请神问鬼者，则可通过仙婆与神、鬼对话。

解厄时，仙婆将病人生肖以纸剪成肖物，与桃枝或柳枝用纸钱包住，再在外面包一层黄色解厄纸，放在病人的床下，病人家属按照仙婆指示的方向地点焚化，病人得以转好。

导游阴曹地府，俗称下阴间。游者伏案或躺下，然后焚香烧纸，仙婆念念有词，不久游者处于昏迷状态，仙婆便说此时游者到了某地，会见某人；过后又说游者又到了某地，会见某人等。游毕，仙婆即令游者清醒，旁人问游者的经历，和仙婆说的一模一样。

第四节　近代西方宗教对客家妇女的影响

西方宗教文化对客家妇女的影响。[①] 客家地区地处偏远山区，交通不便，生活艰苦，信息闭塞，风气一向比较保守。然而自传教士们到来，建教堂、办学校、开医院，主持各项社会救济事业，给人们的宗教生活、文化教育、思想观念带来巨大的变革和冲击。社会风气为之一新，妇女生活也出现了一些变化。近代以来西方宗教对客家妇女的影响主要有如下几点：

（1）不少被遗弃的女婴找到生路。由于生活贫困及重男轻女思想作祟，客家地区遗弃女婴之风一向比较盛行。特别是在战乱和灾荒严重的年代，遗弃女婴甚或溺婴便成为普遍的社会问题。为此，地方士绅也曾筹建育婴堂，试图解决女婴生存得不到保障的社会问题，但往往因官僚和豪绅的插手而失败。教会设立的育婴堂，则因传教士的宗教热忱及管理制度和配套措施的完善，加之有不少

[①] 谢重光在《客家文化与妇女生活：12—20 世纪客家妇女研究》一书中有比较深入的分析与阐述。

传教士对于中国文化,包括地方文化,抱着喜爱和尊重的态度,对于教众也有感情,所以他们办的社会事业能够收到较显著的效果。因此,不少被抛弃的女婴因教会育婴堂的养育得以存活下来。

(2)不少客家女子通过教会有了读书认字受教育的机会。传教士们大都重视女子教育,"他们认为男女都是平等的,男子教育和女子教育应同步进行。其依据是:欧美女子学成后有的务农务工经商,有的任法官、报社记者、学校老师、医院医生,亦即红十字会的工作人员。中国女子只有接受与男子同等的教育,才能获得与男子同等的地位。中国教育中存在明显缺陷且不能与西国教育并衡,则在于不兴女学。还有的传教士认为,女人无学,终不能得真实之兴盛,西国教化之成为文明,未始不由于兴女学之功"①。因此,在未有男女同校之风前,教会专门办了女子学校;男女同校之风兴起,教会又鼓励女子进这样的学校就读。

教会女子学校。在客家地区,叶璧华曾在清末创办女子学校。而由教会创办的女子学校,最早是长汀县乐育小学。据谢成珂所述:

> 乐育小学由基督都会筹办。初为崇正小学与华英女校。后两校合并,改称乐育小学。乐育小学的学生大多是年长失学的妇女,进步很快,小学六年的课程大约四年可以教完,其后两年改教实践课程。但学生在校读三四年后,会写信,能记账,就回家婚嫁,很少有读到毕业的。乐育小学除普通小学科目外,还有宗教与家政的内容。所谓家政,包括烹饪、缝纫、孝顺、教子、待客等。②

教会中学。在粤东梅县则办有教会中学。据李佩英回忆:"广东教会传播较早。同学中有一部分后来到外面读中学,男生有几十人到梅县读教会中学,俗称小修院,约当初一至高三。"

---

① 黄遵宪:《基督教教育与中国社会变迁》,福建教育出版社,1996年版,第101页。
② 谢成珂:《民国时期女子文化教育概况》,福建省客家学会《客家杂志》,2004年第2期。

教会在实施教育功能方面，传教士往往亲自担任老师，也聘请一些专任教师，在教堂对教徒或收养的女婴进行教育。李佩英、陈玉秀就是在教堂里接受教育的。

李佩英说："我在教会（育婴堂）读书，有三四位女老师。做手工，做衫，做鞋，绣花，打毛线手套、帽子。最早读的是祷告经文，长大了读新、旧约，语文，数学，自然常识。课本是在社会上买的。老师或入教，或本非教徒，为工作而来，后入教。"

陈玉秀说："请女老师，中国人，有二三人，教语文、算学、音乐。唱歌有拉丁歌、游戏歌。也教德语。有一蓝美英，上杭人，16岁嫁到长汀，丈夫姓郑，做手工。16岁前在上杭天主教会长大，天主教收养的女孩有的是盲人，有四五人是耳聋、各种残疾。抗战时，将这些女孩疏散到农村，做修女者多学一点文化，学德语，弹琴。"

经过教会的教育，李佩英、陈玉秀都"会唱拉丁歌，懂德语"。李佩英后来还学了其他课程，达到相当于初中的文化水平。

（3）西方宗教的传入对客家妇女的影响，还表现在使不少妇女在宗教信仰、思想观念和生活习俗上发生了巨大的变化。首先，很多妇女信了天主教或基督教。客家地区，向有信巫尚鬼的传统，妇女们虽说信佛信道，见菩萨就烧香，其实并无真正的信仰。部分妇女通过加入教会，信了天主教或基督教，信得很虔诚、很执著，她们的眼界宽阔了，自信心提高了，自己觉得与不信教的群众有了很大的区别。其次，在思想观念和生活习俗方面，客家妇女信教之后最大的变化是摆脱了父母包办婚姻。教徒的婚姻受教会的影响很深，教徒择偶的对象大多是教友。教徒结婚，以教友为主要选择对象，虽由教会介绍，但基本是自愿的，在一定程度上实现了"婚姻自主"的理想。另外，西方宗教传入后，客家妇女，特别是信教妇女在思想观念方面的另一重要变化，是改变了有病不求医、只是求神问卦找巫觋的陋习，懂得上医院看病了。

客家研究大讲坛丛书·第二辑

第七章 客家妇女与祖先崇拜

在传统宗法社会，执行"礼制"的空间很多，而本章所述的"礼制空间"是指传统乡村宗族社会中依据"礼制"举行各种仪礼及执行宗法族规的特定场所。粤东梅州客家地区的宗族社会大都聚族而居，居所多以围龙屋为主。围龙屋是宗祠与民居合一的堂屋建筑，而堂屋是宗祠的核心所在，其中上堂为祖堂，就是宗族的礼制空间，即显性的祖先崇拜空间，这里不但是祭祀祖先神灵的地方，而且还是执行族规族法的神圣殿堂①。祖宗崇拜情调以高大的堂屋建筑和庄重肃穆的神龛来渲染。神龛位于上堂天子壁的地方，上奉本族列祖列宗。神龛前是祭台香案，显出庄严的宗教神圣气氛。而中、下堂则是神堂的补充，是宗族举行大典的专用场所。

宗族"礼制空间"的功能很多，就其仪礼功能而言，包括婚丧祭祀大典及执行族规族法等。择其要者归纳如下。②

首先，生活在礼制空间的人，就其人格而言，受到极大的扭曲，主要表现在男尊女卑、重男轻女。宗族在此空间内不论举行大典或执行族规族法等，对于男性的称谓，不但有名有姓，而且还得讲究辈分。而对于女性的称谓，未婚者称某"妹"，已婚者无论自称还是他称都不呼名，而是习惯上称为"阿某"或就其生家的姓

---

① 祖坟也是宗族的"礼制空间"之一，但就其功能来说，主要用于祭祀仪礼，其他如婚礼等仪礼均不在此举行。

② 有关传统社会婚礼、祭祀、丧礼大典以及风水坟墓的祖神崇拜等，房学嘉与劳格文主编的《客家传统社会丛书》中已有充分的报导，可视为本文的延伸或补充，在此不赘述。

称为"某嫲"①。女性在礼制空间中有名有姓称呼的仅有一次,这就是当其于归之时,要到祖堂向祖宗行告别礼。其仪礼比较特殊,不但要将嫁妆带到祖堂让祖宗"过目",而且有一样东西必不可少,就是必须穿用过的旧纹衫。笔者认为,必须穿用过的纹衫,当是岭南"文身"古俗的遗迹。

其次,礼制空间的"鬼",也依礼制男尊女卑、重男轻女。据《礼记·祭法》载:"人凡生于天地之间皆曰命,其万物死皆曰折,人死曰鬼。"(门岿,1989)当一个人即将告别世俗时,家族就要做好后事安排,而其后事又要合乎礼制:男要寿终正寝,女要寿终内寝。尸体在祖堂的停放,也要严守礼制:男左女右。俗民与"鬼"在礼制空间的不同之处就在于,阴人所用物品都得向未知世界购买。如为死者沐浴之水就得向彼岸掌水的神灵购买。"买水"亦有仪礼可循:"侍者一人竹筐挂灯,盛香蜡告于河神,主人……投铜钱三枚,以新瓦罐汲水而归,曰买水。"(温仲和,清)②乡俗是,当一个人的生命一旦终结,就要请"礼生"按"礼"为之立灵位牌。灵位牌又叫"神王牌",上书死者的世辈、死后谥号再加上生前的俗名。其次是立祖神牌,要请族内有名望之人,举行"点主"仪礼,即用笔在"神王"的"王"字上加一点,成为"神主",牌便成为祖神牌。灵位牌初放置于死者的"灵屋"。当灵位牌与灵屋经礼生或法师举行仪礼火化后,在灰烬中拈一小撮"神烬",盛入一个用红布制成的三角形袋中,此袋即称为"香火袋"。香火袋袋面上贴一红纸条,上书死者的世辈、谥号、讳号,由礼生或法师依礼制男左女右挂于死者祖堂的墙壁上。

其三,礼制空间的神。传统"礼制"是"人死曰鬼"。但在梅州客家乡村,俗民则认为"生为人,死为神"。显然,俗民对于

---

① 在古文书和契约书中有非常丰富的相关资料,参考房学嘉的《从古文书看客家女性尊长的社会地位》。

② 有关掌水之神,各地称谓不一,粤东梅县乡村谓水塘边的叫"塘唇伯公",圳边的叫"圳唇伯公",河边的叫"河唇伯公"等。

"鬼"与"神"有不同理念：鬼是指未上寿或非正常死亡者。一如上举，礼制空间处理"鬼"时，有一套严格的且可供操作的礼制。而梅州客家乡俗中要将"鬼"变成祖神，也有一套严格的且可供操作的"地方仪礼"。就是请礼生择黄道吉日吉时，请法师或礼生将"香火袋"内的香烬放入神龛前香炉内，并将纸条撕下依"礼制"贴于神龛内合乎"宗"的经纬坐标。经此仪礼后，礼制空间的"鬼"才正式转为宗族社会的祖"神"。神龛上的祖牌一如世俗社会等级森严，严格按"宗"之经纬排列，男性名讳都上祖牌，女性因不是"宗"，故不书名、不上牌①。

上举是在宗族礼制空间中祖先崇拜相当正统化的显性仪礼。但在梅州客家乡村，祖先崇拜还有隐性的地方仪礼，笔者以"地方化礼制"或"非传统礼制仪礼"名之。这些地方化礼制，主要流传于乡俗社会，表现形式不一，内容大多为宗族创基祖如何神奇的传说，如祖先迁移时为了保持"正统"背祖骸或偷祖骸的故事等。从田野考察看，每个宗族都有建村的历史及祖宗庇佑裔孙的传说故事，其中关于女性祖神"婆太"崇拜的故事尤其典型。从学理上分析，这些故事都是遵循礼制经典，为进一步强化宗法制度的需要而由宗族儒者所编。它一方面反映了礼制在地方有着深远的影响，另一方面说明地方文化在俗民中有着深厚的基础。透过梅州地区儒学礼教与地方文化的互动，儒家文化在影响着地方文化的同时，地方文化也在影响着儒家文化。换言之，文化的影响是双向的、互动的。梅州乡村社会的祖先崇拜，既有初民文化不断衍化的积淀，又有儒释道文化互动的遗迹，就其内核而言，应是地方化的儒家文化。

第一节 隐性的女性祖先崇拜空间

在以"宗"为经纬的传统宗法社会里，男性生前死后在宗族

---

① 此俗在20世纪60年代后稍有改变，大部分女性已可上神牌，但仅限于书姓。

中的地位或曰影响不必说，而作为"非宗"的客家妇女勤劳吃苦的精神虽受到传统士绅的关注，但除个别人死后得到牌坊外，其他连名字都没有留下！客家妇女的地位在何处得到体现？依笔者田野考察看，粤东梅州地区的乡村社会，祖先崇拜有显性与隐性之分，男性的地位可在显性的神圣空间体现，而女性的地位则可在隐性的神圣空间得以突显。本节旨在探求其"显"与"隐"神圣空间诸角色的基础上，就客家妇女在传统社会中的地位作初步分析。

传统社会的男尊女卑、重男轻女，反映在客家宗族文化上，就是女性不配参加祭祖活动，只能做帮手。故在显性的祖堂神龛上无女性祖先的名讳，这是推崇礼制正统的需要。从田野考察资料看，客家女性在宗族社会礼制中也有其地位，只是以隐性的形式出现，如不少宗族的女性祖灵还被升格为神，如"婆太"祖灵的传说，其信徒既有限于血缘裔孙的，也有超出血缘而成为社区各宗族共同祭拜的。

1. 女性风水与男性风水同等重要

在传统宗法社会，上至皇室，下至庶民，都非常重视风水龙脉。甚至在未知世界亦同。换言之，祖灵的风水也有男尊女卑之分。从田野考察资料看，在梅州乡村宗族社会，女性虽在显性的祖堂神龛上无单独的神牌，但在墓葬上却有单独的坟墓风水，女性祖婆太与男性祖公太单独建坟墓风水的并不鲜见。可以说，女性祖神的坟墓风水与男性祖神的坟墓风水同等重要。下面举例说明：

梅县松源镇王氏宗族祭"婆太"与"王公太"习俗。王氏族人于正月二十七先祭歇人凹一世祖婆太谢大安人"天葬墓"，二十八再祭四世王公太墓。俗传每年正月二十七去祭一世祖婆太谢大安人"天葬墓"必然下雨，二十八即便遇雨天在上午10时左右都会变晴。族人解释这一天象变化时说，这是因为祖宗一生行善积德，所以感动天地。（王心灵，1996）

蕉岭县林氏10世祖"广公"裔孙每年农历二月初六要集中到胡子坪祭"三坟祖"：即七世、八世祖公太与十世广公钟婆太。

五华县安流《胡氏族谱》特别载明，族内有四座祖坟要定时

"大合祭"。祭祀概况为:"四墓大合祭当年列左:寅、午、戌年,合祭下拨伏鸠墓三世陈祖妣,系春分前九日。亥、未、卯年,合祭伏溪蛇形地四世温祖妣,系春分前七日。申、子、辰年,合祭大九塘葛藤坪五世澄公,系春分前五日。已、酉、丑年,合祭横流沸水塘五世余祖妣,春分前三日。"族中定时"大合祭"之四座祖坟,除一座是男性五世"澄公"外,其余均是女性三、四、五世祖"婆太"坟。(《安定胡氏有通公族谱》,1993)

2. 婆太风水神圣不容破坏

在传统社会中,如果男性祖坟风水之争是与"礼制"有关的话,在梅州乡村社会,关于被"神圣空间"排除在外的女性祖灵,其坟墓风水引发的冲突并不鲜见。详参民间族谱,此处不赘述。

3. 女性神灵风水比男性神灵风水更重要

在梅州乡村宗族社会,有些宗族的女性神灵风水比男性神灵风水更突显的例子,随处可听可见,下面以温姓、黄姓女性祖神崇拜为例。

温姓婆太的故事。梅县丙村仁厚祠温氏十一世祖斋婆太为杨氏,传说曾被福建来的"贼兵"抓去当压寨夫人,前后数年,并生育儿女。一天夜里,当她得悉"贼主"要到很远的地方去打仗,估计短期内回不来,遂决心潜逃。孩子怎么办?温姓婆太认为不是温家血脉,是"贼子",不该留下,遂下毒手将亲生子掐死,然后只身偷出营寨向广东方向逃跑。家丁发现后,即组织人追赶。温姓婆太正当走投无路,后面又尘土大起时,见道旁有几株长得又高又大的凤头树,即带着侥幸的心理藏入其中。可能是将亲生子掐死而良心受到谴责之故,温姓婆太回家后一直吃斋(即素食)至老死,后裔因此称其为斋婆太。现温氏仁厚祠的化胎上有两株凤头树,据族人说,是当年斋婆太从福建带回手植。与此相关联的是,女性祖神风水位于宗族的神圣线上:仁厚温公祠神圣空间庄重肃穆的神龛上,创基祖十二世祖公牌位是乾兼亥;祠后边有座小山叫天字岽,传为仁厚祠的龙脉,族中最受裔孙崇拜的十一世祖斋婆太坟在天字岽后面的大坑里,其座向也是乾兼亥。其坟"形名猿猴采果"(温枚，1917）。从碑文曰吉葬于"明万历己丑岁"（1589年）推算，距今已400年。此坟"丙戌山兼辰外乾山兼巽"（温枚，1917）坐西北向东南。墓碑为麻石，高1.5米，宽1米，因年代久远而风化，碑面虽已大面积剥落，但碑文依稀可辨："温母杨太孺人。"该坟在"文化大革命"期间被挖毁，掘者发现金埕内仅有银牌①。温氏十一世祖斋婆太之坟，被族裔认为是最有灵气，最能保佑子孙的一座祖坟。因此，其坟建筑规模也远比族内其他祖坟大，而与此相对应的是，十一世斋公太的坟墓规模远未有斋婆太坟墓气派。每逢重要节日，族人祭"婆太"而不是祭"公太"。温氏斋婆太不但在族中受到崇拜②，而且在族外也有崇拜者，主要是该坟周围村子的蓝姓、邓姓等村民。

引起进一步思考的是，温氏祖宗所选风水特点在于：十一世祖斋婆太之坟墓、仁厚祠祖堂创基祖神龛十二世祖之神座、仁厚祠之大门，刚好三点连成一线，都是乾兼亥。更为明显的是，代表祖宗灵魂的五星石伯公"五福龙神"五块神石也依中轴线排列，处于中轴线正中；在围龙屋后围最高处的房子，叫"龙厅"，也居于中轴线正中。而中轴线是仁厚祠的神圣线，因而也是宗教神灵性建筑的分布线。

以上关于温氏"斋婆太"的传说，纯属无稽之谈。笔者将其附录，在于说明俗民如何将一位普通女性塑造成神，尤其是温氏宗族为什么要特别塑造"斋婆太"这尊女性神，而且将这位宗族神又演变为跨宗族的区域神。（房学嘉，1994）从大量田野考察资料看，这种对女祖神婆太特别崇拜的现象在梅州客家乡村并非典型，如据《梅州市马石下黄谷诒堂家谱》载：谷诒堂黄氏家族"老少最为尊敬的二十一世吴太祖妣……她是'百龄上寿，五世同堂'

---

① 报告人温清浪说，他是据大雅村村长介绍的。
② 报告人温清浪说，族中流传，食（喝）斋婆太的尿可治百病。现祖坟之下方有一暗洞，洞内流出一股清泉，终年不枯。报告人说，此泉即是斋婆太屙的尿，是神水，凡有灾疾，往坟前烧香，磕个响头，说明病因，然后饮服泉水，其疾自除。

的开基祖"。（黄秉良，2001）上举文化现象，从另一个角度反映了梅州乡村传统社会中"礼制"地方化的轨迹。

4. 将坟丢失的"公太"通过招魂附葬于"婆太"坟说明女性的地位非同一般

梅州客家女性在传统宗法社会中的地位，还体现在一些男性祖骸附葬于一些女性"婆太"的祖坟内，如梅县雁洋李氏宗族开基始祖的故事。

雁洋李氏宗族开基祖奉执事一郎春山，"由杭而迁梅之雁洋"（中庐公，《雁洋李氏族谱》陇西源流），其坟"原葬鹧鸪凹王家屋侧坪顶，明末失去，招魂合葬于鸭湖祖妣坟，后其乡人指明旧坟，复立碑祭祀，其鸭湖考妣合葬碑仍旧，形名'乌鸦落洋'"。祭祖考旧茔祝文曰："惟我始祖，福宁人氏。由闽入程，传历多世。溯自元朝，卜葬斯地。清初扦探，金骸失去。附居谋害，移灭莫知。凡属子孙，抱恨尤虞。爰是招魂，皆葬妣基。岁事虽陈，感慕难已。追念故□，敢忍废置？或存或亡，若远若迩。祖灵在天，降兹茔址。清明雨露，怀惕恻思。牲礼告虔，祖灵歆之"（同上书：祝文）。雁洋李氏宗族不但一世祖骸骨附葬于一世祖妣坟，而且二世祖骸骨也如此安置。二世祖为叟八郎，"公原葬还猗山角赖家屋角，因失去，招魂合葬添坑祖妣坟巽山"（同上书：鼻系图）。"后其乡人指明旧坟，获旧碑，修坟，子山兼壬。添坑考妣合葬碑仍旧。前因旧碑镌明始祖，人遂生心，灭坟藏碑，以吾族已有一郎为始祖。不知当时开辟，八郎同功，（同功）子孙并尊为始祖，而入雁之始，一郎偕来。后人独推为始祖也。添坑碑与各祠木主今俱以八郎为二世，经官有案"（同上书：鼻系图）。"谱载执事公官于梅，遂择居于雁洋。又云入雁之始一郎偕来则当时壮年任事、披荆棘辟草莱者，乃叟八郎，而一郎公年老，但从子定居，故吾雁洋旧有明始祖叟八郎公之称，纪实也。又称元始祖执事一郎公，尊父也。今则以一郎为入雁始祖，叟八郎为二世，顺世次也"（同上书：鼻系图）。"吾雁洋后世祇称法号叟八郎，犹夫春山公祇称法号一郎，汉孙公祇称法号千三郎，名号异而人同，亦未可知也"

（同上书：闽五世祖考妣暨伯祖考妣四茔图）。

从上举族谱资料看，与开基祖考墓形成鲜明对照的是开基婆太墓保存完好，族人为了理顺这个关系，遂将开基祖考"招魂"与婆太墓合葬。宗族开基祖坟、二世祖坟丢失，从一个侧面反映了该宗族发育不成熟或宗法制度不健全。

从俗民编造女性祖婆太墓是"天葬"，女性祖灵可以变神灵，可感动天地，女性风水与男性风水一样重要，男性祖坟丢失招魂附葬于"婆太"坟等的故事中，我们不难体察到客家女性在传统宗法社会中的地位。可见儒家经典的血缘祖神崇拜与非血缘神灵崇拜在粤东梅州客家乡村社会文化中已有机结合起来。

第二节 宗教神灵中的宗族女神

祖先崇拜是原始宗教起源之一，鬼魂观念则是原始宗教起源之重要元素。许慎在《说文解字》解释"礼"字的意义为："礼：履也，所以事神致福也。"清人段玉裁注："礼有五经，莫重于祭。"（段玉裁，1981）据西汉戴圣云："周人尊礼尚施，事鬼神而远之。"（戴圣，西汉：表记）[1] 显而易见，殷商以降，俗民认为生活空间充满了各种会降福作祟的天神、地祇、人鬼。一如上举，梅州乡村祖先崇拜中就充满着原始宗教崇尚鬼魂的特点，且有显性与隐性之分，宗族祖祠祖堂神龛上的祖牌所反映的是显性部分，而其隐性部分，则主要是那些宗族传说故事等。值得进一步思考的是，在粤东客家地区，不少宗族的祖神信仰已超出血缘跨出宗族边界而成为社区各宗族共同祭拜的宗教神灵。

宗族女性祖灵也有衍化为社区神灵，并在社区内各宗族间互动的。依正统的宗法制度，女性祖神不是"家神"，以家或家族、宗

---

[1] 《小戴礼记》又曰《小戴记》，即礼记，是儒学经典之一，大率是孔子弟子及其再传、三传弟子等所记，也有讲礼的古书，是研究中国古代社会情况、儒家学说和文物制度的参考书。(《辞海》，北京：辞书出版社，1978：1576)

族为主的祭祀活动，难于在传统"礼制"中找到其坐标。

俗谓五里不同风，十里不同俗。在粤东梅州地区，如果上举的"婆太"崇拜只能说明地方宗族具有血缘性祖先崇拜典型的话，则另一类民间信仰"仙人"、"仙姑"则是从血缘性祖先信仰向非血缘性祖先信仰衍变，最后成为跨宗族、跨地域甚至是跨国界的民间宗教信仰神灵，它从一个侧面说明粤东客家地区女神崇拜与古老地方民俗文化具有传承性。

1. 仙人叔婆信仰

依田野考察，仙人叔婆信仰圈大致分布于粤东梅江中下游及其支流石窟河、松源河等流域，即今梅县、蕉岭县等地，其坛多立于沿江河两岸的码头或村寨，如蕉岭县的新铺镇、梅县的松口镇等沿江乡镇。梅州旧时称从事航运行业的人为"船家"，船家敬奉的行业神就是仙人叔婆。船家往往把仙人叔婆请上船奉祀，其神位设在船舱中的蓬壁上，俗谓"船头伯公"，每逢开航和到达之日以及农历每月初一、十五都要烧香敬拜。

新铺镇地处石窟河中游，聚居着陈、林、曾、邓等20余姓的地方商民，也有来自潮汕各县的船家。旧时镇上有以行业分类的米商公会、商会、船员公会等，各业虽未见有统一的组织，但却有统一的祭祀活动，那就是崇拜仙人叔婆。

奉祀仙人叔婆的地方是郭仙宫。宫的建筑规模如平房，正堂内神龛无神像，仅一木质神牌，上书"法妙仙人之神位"。在该宫门外竖有两根石柱，两柱间竖起一根长长的旗杆。传说"郭仙宫"是新铺镇的风水文化中心，因为新铺墟市傍山沿河筑店，长长的像条木筏，传说就是靠这旗杆拴住，才不致被洪水冲散，而稳住旗杆者正是仙人叔婆。换言之，在俗民的心目中，是仙人叔婆保护了新铺墟的安全和兴旺。

商户船家逢初一、十五必进郭仙宫上香。而一般信民则主要参加每年正月半后"起福"，十二月"完福"，俗称到宫里"做好事"。凡做好事时，四乡群众亦前往凑热闹，并请和尚或斋姑念经助兴，开桌摆凳，共进午餐。

地方水神仙人叔婆的信众初为渔民船家,功能主要是庇护渔民与航运的安全;后来信众逐渐扩大到附近村民,并增加了财神的功能。传说新铺镇塘福岭村有陈某在墟镇上经商,生意清淡,遂前往该处烧香并许愿:"如果保佑赚钱,我给你做个神坛。"陈某果然生意日渐好转赚了小钱,还愿时修了个神坛。尔后陈某又许愿:"如果保佑我打个大仓(指煤矿),我给你盖个宫。"后来陈某挖到大煤层,发了财,准备盖座神宫。陈某的祖婆郭氏是一位"神童"。郭氏为陈指定做宫的地点、方向。这事被地方官知道了,骑马前去阻止,不料途中马失前蹄,折断马腿,自身也被摔个半死,他认为此事阻挡不得,同意建宫,并题"镇守东江灵应法妙仙人",以后神牌就写"法妙仙人之神位"。尔后,仙人叔婆的信仰圈进一步扩大为社区神,到郭仙宫进香的信众不仅有船家、商家及新铺市镇人,就是在一些乡村甚至一些宗族的祖堂也到郭仙宫分香火安奉神位,如该镇南山村林姓宗族祖堂大门左边墙上,就装有一个木质神龛,龛内神牌"法妙仙人之神位"。传说旧时新铺镇商人侯某曾多次"火烧店",每次店家老板侯某都跑到郭仙宫请仙人叔婆的神牌,捧到八字码头祈祷灭火救灾。此外,俗民小孩有病痛,家长往往前去祈求消灾除病。各船户在船上也安有其神位,船家起航先上香,途中遇大风大雨时更是虔诚地点香祈祷平安。

仙人叔婆有特别的纪念日即农历七月十三神诞日,是日俗民除举行祭拜仪式外,主要活动有两个:活动之一是抬"仙人"出巡,队伍庞大,高灯、扛彩、大锣鼓、八音、神轿,主持人等紧跟其后。出巡队伍出宫沿河唇街,然后转鸡子行、柴行街、米行街、潮商会馆,然后经警察局门口、新菜市、镇郊返宫。出巡路线已经制度化。是日参与这一活动者,也有外地在新铺镇的商家,如潮州商人在该镇建有"潮州会馆",会馆每年都积极参与游神活动,每当神轿巡行到会馆门前时,必停下供潮州商人敬祀一段时间。一些来不及上岸而停在石窟河中的船家则在船头遥祭。活动之二是娱神演汉剧,连演10天以上。传说大埔县某戏班七月十三不敢到别处演出,因为有一次在别地演出时,戏箱里出现一条大蛇,戏班认为是"仙人叔婆显灵",立即赶到新铺演出。

自清海禁开放以后,随着粤东客家人的外迁,仙人叔婆这一古老的民间信仰女神又被带到了海外如东南亚等移民聚居地。如马来西亚的双溪芙蓉距庇劳路七里之遥的锡矿场附近,就建有一座庞大的仙人叔婆太庙,是由华人领袖甲必丹李全三,于清光绪年间从原籍中国广东梅县松口传香火兴建的。其信众包括矿山工人与侨居当地的华侨华人。(陈嵩杰,2003)

2. 谢圣仙娘信仰

在粤东客家地区,一些大宗族都奉有宗族女性祖神,如五华县谢氏宗族有谢圣仙娘、徐氏宗族有徐锦三娘、何氏宗族有何仙姑等。在一些宗族的祭典活动中,要邀请异族的女性神灵一起活动,如五华县胡氏宗族祭典中,在抬祖灵胡法旺公出巡的同时,要专门邀请谢圣仙娘参加,而其他神灵则不邀请。传说谢圣仙娘原来是要配给胡法旺的,后虽因故中断了这段姻缘,但双方的情谊不断,故以后胡法旺公出巡时谢圣仙娘的童子也会坐刀轿前往赴会。

谢圣仙娘故事①主要在粤东五华县、陆河县、陆丰县、紫金县等地流传。其信众并不限于谢姓,是一个跨宗族、跨区域的神灵。谢圣仙娘的祖庙在五华县双华镇,谢圣仙娘纪念祠额书"英烈庙",相传始建于宋代,明代重建,有下殿和拜亭,全庙用石柱、石砖、石板等花岗石建筑而成,结构奇特,工艺精巧,是明代传统石雕建筑艺术珍品。其分香坛庙的分布,与上举仙人叔婆的坛庙分布略有不同,前者多分布江河沿岸或村落码头;而后者的大庙多建在深山峻岭,在村寨的村口则以小坛庙为主。

3. 三奶夫人信仰

在粤东兴宁、五华、紫金等客家地区,民间的庙会活动,往往要请觋公觋婆表演奉朝戏,俗谓做"三奶戏"。演员中有一位男扮女装者,即谓三奶夫人。传说三奶夫人的原形为陈靖姑。据史料记

---

① 参见房学嘉的《客家源流探奥》,第 256 – 259 页。

载，陈靖姑于唐代大历年间，与林、李二位女性结拜到闾山学法，能降妖伏魔，扶危济难，24岁时施法祈雨抗旱，为民除害。陈靖姑死后英灵得道，成为粤闽民间尊崇的一位"救产护胎佑民"女神。三奶夫人信徒广泛，不但内地有，我国台湾地区和东南亚等地也有。如在台湾高雄县大社乡有客家移民兴建的三奶夫人坛。传说现在的三奶夫人庙（碧云宫）前面，当时有一棵枝叶茂盛的古榕树，一位从内地来的客家人正好路过那个地方，累了就在古榕树下休息，顺手把随身携带的三奶夫人的香火和香炉挂在古榕树的树枝上，离开的时候竟然忘记带走。以后，奇怪的事情发生了，每天夜晚，乡民们都会看到挂在古榕树的香火发出一片耀眼的红光，乡民认为那是三奶夫人显灵，保佑地方上的平安，于是商议在发光的地方搭建一座神坛供奉，因为奉祀的是三奶夫人，所以就取名叫"三奶坛"。类似的现象还有，如在19世纪，部分粤东客家人开始移民泰国，他们将三奶夫人的香火带到新的聚居地，集资兴建三奶夫人庙，当然客家移民还先后建筑了汉王宫、观音宫、关王庙、吕帝庙等信仰中心。

4. 何仙姑信仰

何仙姑是八仙之一。关于何仙姑的故事版本很多，广东、福建、江苏等地都有其信众与崇拜中心。传说何仙姑原名何秀姑，是童养媳。生于唐武则天朝某年二月初七。其父（养父）开豆腐坊，她自幼做父亲的帮手。十三四岁时到野外游玩，遇见了云游的铁拐李、吕洞宾和张果老，三位神仙给她吃了仙桃、仙枣和云母片，从此她再也不觉饥饿，并能预卜未来，知人祸福。乡民为她盖了一座小楼，要她住在那里，人们常到那里请她算命。渐渐地，何秀姑的名字变成了何仙姑。也有的说她生在宋代，从小善言人祸福，因而被称为"仙姑"。说法的不一，大概是因为历史上本无此人。人物从传说中来，传说中染上各种地方色彩，久而久之便成了"当地人"。在粤东梅州地区编纂的《何氏族谱》就记何仙姑是何氏祖神之一。粤东蕉岭县与福建武平县互为毗邻，两县何氏后裔联合建何仙姑公园。因此何仙姑已发展成跨宗族、跨省区域的宗教神灵。如在《庐江堂何氏族谱》载:"何姓始祖何旦,生于唐昭宗景福元年壬子岁(892),后梁太祖乾化年间(911—913)赐进士,官大林郎,龙德二年壬午年(922)选授福建汀州府宁化知县,为政得民心,升广东梅州太守,任满遂居宁化县石壁村西乡堡,卜迁福建武平县盈塘里南岩狮子口手炉山定居立业,73岁时(964)赠建佛殿,迁居武平县冷洋之刘坑村立业。后裔分居上杭等地,再入粤赣等地。何旦共娶颜、黄、邓三人为妻,共生九子一女。女称七姑,黄氏大娘所生,后得道成仙,称何仙姑。"在《庐江郡何氏大同宗谱》卷26也有类似的记载。民间传说,何仙姑一生修道,能知过去未来,自己上山采集中草药为民解除病痛,有求必应,被治疗的病者,无不药到病除。相传有一对年轻人结婚多年不孕,翻山越岭前往何仙姑庙求助。仙姑给其中药服用,十分应验,回去一年后产一男孩。何仙姑是古代妇女正义与善良的化身,故为俗民所敬仰。

5. 河婆的故事

揭西县县城河婆镇之得名,民间传说与何氏有关。据相传,"未有河婆,先有南关城","未有河婆,先有倪陶"。传说中的南关城,是在河婆墟猪子岗的洋坎祠一带,面积约20亩,被历史上的战乱所毁,有倪、陶两姓村民居住。彭姓始祖,受章公妣何太,于明洪武年间,在猪子岗开设茶寮,久之成市,后人易"何婆"为"河婆",此河婆得名之由来。(张肯堂,1976)彭姓始祖妣何婆太之坟为地方名坟。何婆太坟为蚁仔地,葬在下滩乡后埔岭,为地方颇负盛名的风水宝地。

传说彭妣何太,家贫。曾在今天河婆墟猪子岗地方开一茶寮,摆卖卤茶。由于人缘好,远近悦来,来往过路的人,都在何婆茶寮歇足。久之,变成市集。由于地点适中,水陆便利,建立店屋,形成今天的河婆市之繁荣面貌,后人乃把何婆改为河婆。闻何婆家贫,其子嗜赌。何婆死时,无力买棺木。其子向其母舅借来的棺材本,又给赌掉。只得于傍晚时,用草席包裹,抬回家去。抬到中途后埔岭的时候,入夜天黑,又遇"雷公猛雨";两兄弟寸步难行,只得将尸体抛在地上,候明天抬回安葬。不料当晚被蚂蚁腐蚀埋掉。翌日，两兄弟往原处一看，已是黄土一堆了。因为家贫，两兄弟以已入土为安，也就不了了之。及后，其舅带一地理师查看，认为生龙口，软葬最好。此所谓福人得福地也。（张肯堂，1976）

6. 广东丰顺县建桥围张氏一族的婆太崇拜

建桥围张氏的祖宗崇拜中最推崇的是外祖与婆太。其中婆太指的是三世蓝婆太与九世王婆太。三世蓝婆太为畲坑蓝氏之女。其夫张均佐因产业被管家侵吞，为了要回产业与管家打官司，但官府却被管家贿赂，以诬告罪为名把张均佐判刑并关入狱中。为了挽救张家命运，蓝婆太费尽艰辛到京城告状，忍受了种种酷刑，最后打赢了官司，使张氏的命运得以改变。因此张氏一族非常崇拜蓝婆太，每年都要上坟隆重祭祀，关于她的传说至今流传不衰。王婆太是外祖王柏泉（张氏一族最崇拜的祖先神）的女儿，其丈夫文广，其子仰云均在外为官，她在家刻苦经营，广置产业，相传规模宏大的建桥围就是她带着三个儿子创建的，因而备受后世子孙崇拜。

7. 许夫人的故事

许夫人是南宋末年抗元的民族英雄，她的光辉事迹在粤闽地区广为传颂。据民国《广东大埔志·卷三十》记载："许夫人者，潮州畲妇也。吾埔妇女，相传受帝封，世代为孺人，得加银笄，盖由夫人之故。"因大埔县历史上归潮州府辖9县之一，故这里把许夫人称为潮州畲妇。潮剧《辞郎洲》把许夫人扮为畲族首领，唱白中说："畲族首领许大娘，自聚义兵抗元，固守饶平。"剧里说的许大娘就是指许夫人，并把她说为"畲族首领"。清末诗人丘逢甲，于清光绪二十五年即1899年到饶平时，写了两首赞扬许夫人的诗，其中一首《百丈埔》，赞叹"百丈埔前战血红"。称赞许夫人"男儿千古逊英雄"。高度评价了许夫人。遗憾的是，在该诗的注中写道："百丈埔为张丞相世杰夫人许氏大战元兵殉节处。"他把许夫人说成张世杰的夫人许氏。在潮属各地民间流传的，屡见把许夫人说成是凤凰山石古坪人，是凤凰山畲民义军首领。有的小说则把许夫人描述为凤凰山畲官的夫人。在百丈埔有许娘娘庙。

8. 梅县南口镇益昌村陈氏宗族的陆婆太崇拜

陆婆太为陈姓始祖大郎公之妣，原葬于梅县西洋笙竹园鹿子坡，其四世子孙将其迁葬于南口寨子顶，风水名为"鹤形"，每年陈姓族人都要到陆婆太坟墓前举行隆重的祭拜。据说该坟由于风水好，能庇佑后人。俗民把宗族的兴旺发达归功于开基祖婆太陆氏迁葬了好风水。

第三节 客家女性祖灵崇拜的解释

在有着深厚地方历史文化积淀的客家文化中，以"宗"为经纬的宗法社会里，作为"非宗"的客家妇女其勤劳吃苦的精神虽受到士绅的关注，但除少数人死后得到牌坊外，其他连名字都没有留下！客家妇女的地位何处得以体现？笔者从女性在神圣空间的角色这一视角，根据田野考察资料作如下分析：

围龙屋是粤东客家地区标志性的民居建筑，其祖堂部分是世俗与非世俗中"人—鬼—神"角色转换的空间。这里不但是族人祭祀祖先神灵、举行婚丧大典的殿堂，而且还是执行族规族法的公堂。客家妇女一生仅有一次以"宗人"身份使用此神圣空间，即其出嫁之时，不但其本人要到场，而且凡搬得动的嫁妆①均要搬到祖堂让祖宗"查看"。从表象上看，在显性的神圣空间，女性因"非宗"而被排除在外，但在隐性的神圣空间里，宗族还是接纳了她们！因为在围龙屋等客家聚落内，另有地方化礼制的女性崇拜空间，如化胎、五方龙神伯公等。

值得进一步思考的是，祖坟为什么会"丢失"？为什么俗民仅祭"天葬"的一世祖婆太，而不祭"非天葬"的一世祖公太？为

---

① 在梅州地区，传统的嫁妆有"全副"与"半副"之分。前者俗谓"全副嫁妆"，包括生前死后的所有生产生活用具，至婢女与棺材。所谓搬不动的嫁妆，主要是指田地与山林等。

什么祭祖时会出现特殊的天象？上举宗族①祖坟丢失、祖先祭祀标准不一等，在宗法社会是非常严肃的问题。究其原因是复杂的，比较合理的解释是，元明以前，儒家文化对岭南地区影响不深，而在明洪武以后则影响日深，反映在宗族历史上的，就是奉祀血缘祖先的神牌、墓碑等记述越来越具体，祖先的历史记忆也越来越清晰，宗法制度逐步健全。依传统的宗法制度，以家或家族、宗族为主的祭祀活动，女性祖神难在"礼制"中找到坐标，因为女性祖神与宗族无血缘关系而不属"家神"。而田野考察资料显示的"婆太"坟被他姓人盗挖，从社会因素层面分析，估计是一种报复行为。但仅满足于此解释是不够的，因为家族中祖坟很多，为什么只专注于这位"婆太"坟？比较合理的解释是：女性婆太的风水与男性公太的风水同样重要。女性在宗族社会中的地位，是以隐性的形式出现的，表现在男性祖灵可以变神灵，"婆太"祖灵也可被升格为神，其信徒既有血缘裔孙的，也有超出血缘而成为社区各宗族共同祭拜的。女性神灵崇拜虽在儒家经典上难寻对应坐标，但维护宗族传嗣的纯正，保持女性的忠贞却是合乎儒家的传统。如温氏斋婆太在离家多年后，仍要付出巨大代价重返温家的故事，就是强化礼制经典中妇女从一而终的贞节精神，强化维护宗法制度的威权，强化宗族纯正血统相传。又如被民间视为地方福神的龙源公王，其原形虽贵为朝官，但仍每天回家侍奉母亲。尤其是阴灵被升格为神后，信徒既有血缘的，也有非血缘的，成为社区福神等，故事从另一文化层面去歌颂客家女性，提升女性的社会地位。从宗法制度看，女性有无生育在宗族社会中的地位是不一样的。但从生态环境看，女性的社会地位并不一定体现于是否生育，而在其对于宗族对于地方社会的贡献与影响。谢圣仙娘、何仙姑等都是未有生育者，但其对

---

① 雁洋李氏开基祖坟丢失的现象应引起注意。因为李氏从开基祖春山公算起至今已传27世，以学术界通行的25年/世代计，李氏宗族在雁洋已繁衍了675年，大约是元至顺二年（1331），而族谱反映的1～2世历史模糊，甚至祖坟丢失，3世以后历史相对比较清晰，其时大约在明洪武十五年（1382）间。换言之，李氏创基雁洋大约在元明之间。

于后世，对于社会的影响力，并不逊于有生育者。

综上所述，粤东梅州的田野考察资料所反映的女性文化现象，从一个角度说明：粤东客家地方宗族对传统的宗法制度有所变通，已将"婆太"列入血缘祖先崇拜的范围。民间的传说，笔者无意深究，但从中不难体察到儒家经典的血缘祖神崇拜与非血缘神灵崇拜的有机结合。它反映了客家文化的多元性，女神崇拜与古老地方民俗文化具有传承性。古老的民俗文化仍然在粤东客家山区活着！其中既有初民文化不断衍化的积淀，又有儒释道文化互动的遗迹，笔者以"儒家文化地方化"或"地方化的儒家文化"名之。

客家研究大讲坛丛书·第二辑

第八章 客家妇女的社会地位

传统史书主要记载才子佳人、帝王将相。即使是与庶民关系最密切的宗族社会,民间所编谱也因宗法礼教的陈规,以宣扬儒家文化为其宗旨。妇女因非宗,除了零星几个树立牌坊典型外,在宗祠的神圣空间是不记其名的。因此,从宗法社会的礼制视角下去观察,客家妇女地位极其低下。然而我们去读一读另一半的历史,即通过田野考察客家妇女的现实生活,人们发现,客家妇女在家庭经济、家庭的存续发展中表现出超常的权力。换言之,同一事物,从上往下看,或从下往上看,角度不同,其效果并不太一样,将不同效果的数据作一综合分析,其结论往往引发人们很多新的思考空间。本章运用功能分析的方法,以粤东梅州民间文献为重点,从地方文献中的客家妇女、宗法视野下的客家妇女、草根文化视野下的客家妇女等不同视角,对客家女性在传统宗族社会中所扮演的角色进行解读,主要内容有"地方文献中的客家妇女"、"宗法视野下的客家妇女"、"草根文化视野下的客家妇女"。

第一节 地方文献中的客家妇女

本节运用功能分析的方法,以粤东梅县民间文献及方志为重点,对客家女性在传统宗族社会中所扮演的角色进行分析。

一、从契约①文书中看客家女性在家庭、家族中的地位

在传统社会中，民间契约文书的书写具有一定的格式，而且还有约定俗成，除交易双方作为"法人"的"主立契人"要在契约中签字画押外，尚有"证人"如在场人、在见人、场见人、中人、见价人、执笔等角色，交易一旦成交，在场诸角色均可收到一个红包或接受"法人"的宴请招待。

考察客家女性在处理家庭重大事项中担当的角色，可从一个角度去解释其在传统社会中家庭中的地位。而对于家庭中共有财产的处理，特别是产权的变更即是重大事项之一。依笔者目前搜集到的古文书看，粤东梅县的女性早在清初的家族共有财产产权变更中就具有举足轻重的地位。下举数例。

（一）母亲在家庭、家族中的地位

有论者谓客家妇女在家庭中：只限于"勤俭"二事，而"家政"大权，却掌握在男子手中，男子说了才算数。（胡希张，1997）依笔者考察，粤东梅县传统社会中的妇女肩负着操持家务的重任，也有相当的古文书"法人"即"主立契人"是由女性"母"担当的。母是相对于子的，在契约文书中主立契人有"母"出现，应属母子同堂的根干家庭。在传统的宗法社会中，有"长子当父，长嫂当母"之说。既然长子、长嫂在家庭中具有威权，却仍要由"母"出面画押，甚至充当"证人"如"领银人"或"见价人"等，可视为客家女性在家庭、家族中享有特殊威权的证明。

1. "母"、"叔婶"在产权交易中充当"法人"的角色

例一：本契为赠"质田租"契，主立契人为梅县白宫镇的

---

① 这批古文书因历史悠久，部分已虫蛀，残破字迹难辨。因此，笔者在整理引用时，将难辨或缺空的地方用"□"代替，部分依上下文估计明显是漏字或错别字之处的，加（）并植入参考字。

"徐丘氏"。（白宫/B/乾/2）

> 立赠字徐丘氏先年出退有质田租二处……今因夫故无银使用情愿请得原中见识勤劝陈启伦手内增补价银壹两伍钱正其田自增之后不得再口等情……
>
> 乾隆三十一年十月二十一日立徐丘氏（画押）

例二：本契为赠"质田"契，主立契人为梅县白宫镇的"钟黄氏"与其子。（白宫/B/乾/9）

> 立增字钟黄氏同男文端等先年退出质田一处……今因乏用无措前来向得伦叔手内增过花边银伍圆即日银字两交明白三面言定自增之日不得再增等情……
>
> 乾隆五十四年十二月二十二日立增字钟黄氏（画押）
> 同男文端（画押）

例三：本契为绝增绝赎质田契，主立契人为梅县白宫镇的"钟黄氏"与其子。（白宫/乾/3/08）

> 　　　　　元　敬
> 立绝增绝赎字钟黄氏仝男文　文　先年退出有质田租一处
>
> 　　　　　端　进
> 土名祠堂冈又氏手退出质田租一处土名三家村吕姓门首横坑塘下与陈启伦为业价银租丘两契载明前经增找今因修整祖坟少钱帮费不愿收赎前来向得业人陈启伦手内共再增补足价钱柒千柒百文正即日钱字两交明白……
>
> 　　　　秉笔男　文端（画押）
> 乾隆五十七年壬子十一月廿立断赠断赎字钟黄氏（画押）

例四：本契为找断永远无赎无增（赠）卖房产等契，主立契人为梅县松口镇的"曾刘氏"与其子。（松/嘉/房/01）

> 立找断永远无赎无增（赠）契曾刘氏同男曾添长承祖遗下有本乡下牛角塘面上右手横屋一连四间又横屋外添造一大间共有屋五间并带门首屋外前后一带地基及屋后菜

地一所又屋后大路上粗（屎）缸一口昔年俱活卖与善宝李大爷兄弟为业四年限满……今自忖无力向赎情愿找断即日凭中见三面估值向印川李大爷兄弟手内找贴花边圆银肆拾柒大圆正……自找贴之后其屋宇地基菜地粗（屎）缸等项俱交印川李大爷兄弟永远管业刘氏母子日后永不得言赎亦不得言增……

嘉庆十四年己巳岁十二月二十四日立找断永远无赎无增契曾刘氏（手印）

同男曾添长（画押）

例五：本契为借字契，主立契人为梅县白宫镇的"刘阙、刘吴、刘梁氏"。（白宫/B/嘉/12）

立借字刘阙、刘吴、刘梁氏三房人等先年卖出有黄牛望岗沙坦一处上下两隔……今因父□坟墓破，请得邻亲相劝恳来复借花边银肆圆正又钱壹佰文正即日领讫三面言定其沙坦开复实在工本浩繁三房等委愿交与瑞等永远为业日后三房人等不得异言再借滋事等情……

吴　（画押）

嘉庆十七年十二月二十五日立永断字阙氏（画押）

梁　（画押）

2. "母"在产权交易中充当"证人"的角色

例一：本契为增质田契，主立契人与见证人分别为梅县白宫镇的熊某与其"母温氏"。（白宫/B/乾/1）

立增字人熊云伯同母温氏先父宁生退出质田租三斗五升五合正……今母子……又向接吴友先手内增过田业价井银贰拾三两正其田业自增之后交与接人自行耕住即日银字两交

同母温氏（画押）

乾隆十二年丁卯十二月十二日云伯立（画押）

例二：本契为增质田契，主立契人与见证人分别为梅县白宫镇的何某与其"母吴氏"。（白宫/乾/4/02）

立增字人何清淑同母吴氏因父仲兴丁卯年退质田七丘内不允过耕经控州宪着词证人等押回接主过耕当日交割田租六升二合五勺因载价不尽，众亲相劝吴友先手内先年接得父仲兴退出间田横屋后上片质田租六升二合五勺向友先手内增过质田价井银柒两正即日银字两交明（白）……

就日批明实领到增字内价银柒两正……

　　　　同母吴氏（画押）

乾隆十四年己巳三月二十一日立增何清淑（画押）

例三：本契不是原件，而是梅县松口梁氏宗谱上的抄件，属卖屋宇地基契，主立契人与见证人分别为松口的梁某与其母"梁门钟氏"，"梁门钟氏"还是"在见领银人"。（松/梁/乾/契/12）

立卖契梁叔淳有官坪上围里自置屋宇并地基二间又带屋边龙眼树一条托中送与子育余大公出首承买言定价银贰拾陆两正……

批明外酒食花押贰两……

在见领银母梁门钟氏（画押）兄拔桂（画押）

乾隆二十四年六月十五日立

例四：本契不是原件，而是梅县松口梁氏宗谱上的抄件，属当地基契，主立契人与见证人分别为松口的梁某与其"在堂母余氏"。（松/梁/乾/契/02）

立当字梁叔礼叔华有祖父左边地基一块当与余姓手内铜钱六千文每月供利一百八十文如至本年十二月不完任从架造……

在堂母余氏（画押）

乾隆二十八年五月初十日立

例五：本契为卖田契，主立契人与见证人分别为梅县桃尧镇的张某与其"母李氏"。（桃/乾/大美/契/04）①

立卖田契侄宗勋……田产自卖之后任从叔过手耕管为

---

① 本文引用大美资料由嘉应学院客家研究所宋德剑提供，谨此致谢。

业卖人不得异言阻当……

即日批明实领到契内田价花边叁拾贰大圆正花边每员柒钱贰分算共重贰拾叁两零肆分正……

见价母 李氏（画押）

乾隆三十六年辛卯二月二十四日立（画押）

（二）妻子在家庭、家族中的地位

总的来说，依笔者现收集之资料看，粤东梅县客家女性在契约中出现"妻"的角色，说明客家妇女在家庭中的活动还是以夫家为主体，产业来源主要是继承夫家为主。客家女性与丈夫共同奋斗，有时对于家族的贡献甚至远大于丈夫。因此，她们实际上是靠自己的勤劳智慧为自己挣得在家庭家族受到重视的地位。

妻相对于夫，在文书中仅书妻，则说明其夫仍健在；若书"某某"妻，估计其夫可能不在或分灶。依笔者所见，在更变家中产权的交易中，夫妻同时出现于契约文书中，是夫妻地位平等的充分体现。

1. "妻子"在产权交易中充当"法人"的角色

下举数据中，除"妻子"在产权交易中充当"法人"的角色外，还有"母"在其中充当"证人"的角色。此外，"妻"与"嫂"是同辈的，因此将有关文书也放在这里一起讨论。

例一：本契为卖旧屋与地基契，主立契人为梅县松口梁家"伍氏"。（松/梁/康乾/契/09）

立卖契伍氏有夫自置上堂右边瓦屋一间并地基厕厨今因乏用卖与本乡余继生出首承买当日领得价银伍两贰钱立卖为照……

康熙丁未年三月十八日伍氏立

例二：本契为卖菜地契，主立契人为梅县松口梁姓"本昌妻谢氏"。（松/梁/乾/契/07）

立卖地契本昌妻谢氏承祖父流（留）传屋场门首菜地一长块情愿将此地卖与族众当日领得地价铜钱伍仟文任从族众建造不敢阻抗……

在见　显和（画押）　　依口代笔　元靖（画押）

乾隆三十五年二月初三日谢氏立

例三：本契为卖旧屋地基契，主立契人为梅县松口"梁门谢氏"。（松/梁/乾/契/08）

立卖契梁门谢氏今有承　祖遗下右片旧屋地基一块今因乏用托中送与余姓出首承买当日凭中领得地价铜钱壹万贰仟文正其地基即交与买人架造为业……

乾隆三十五年三月初五日梁谢氏立

例四：本契为按生粪质田契，主立契人为梅县白宫镇"兄嫂李氏"。（白宫/B/宣/1）

立安生字兄嫂李氏同男春生等情因先年承翁姑遗下有粪质田壹处……今因架造新屋乏银凑用将此田即按于堂弟照明手内生过口银壹佰捌拾伍大圆……即日言明……即将此田任从照明耕种管业内外人等不得异言如有异言系按字人及场见人一力抵当……

男埙和

在场见

孙日新

命笔男春澍（画押）

宣统元年正月初五日立按生字兄嫂李氏（指印）

例五：本契为"甘允"即"甘愿"契，主立契人为梅县白宫镇某"同妻朱氏"。（白宫/B/民/4）

立甘允字人弟春澍同妻朱氏情因民国四年兄弟三人由福山叔手生来大边肆百大圆……现一时无力完拆兹将嘉言公地坟脚下田大小两丘雷姓地坟脚下田壹丘愿归于家兄春生耕种管业倘日后稍有光景此田须要先行如数尽回不得借端无能另图别业……

场见人　母李氏（画押）

民国十年辛酉岁阴历七月念七日立甘允字人弟春澍同妻朱氏（画押）

2. "妻子"在产权交易中充当"证人"的角色

下举数据中,在产权交易中充当"证人"的除"妻"外,还有"母"。

例一:本契为以尝田抵押向兄借银契,主立契人与见证人分别为梅县白宫镇的某夫妻与其母。(白宫/道/1/01)

　　立借字弟正杰情因先年有尝田一处土名墩子上门首大小一丘当日归于兄正敏承接租声银声原契载明今因父故乏银应用前来向得兄正敏手内借过佛边壹元重陆钱捌分正……

　　即日批明实领到借字内佛边壹元重陆钱捌分正……

　　　　　　　　　　　　母　古氏（画押）

　　　　　在场

　　　　　　　　　　　　妻　丘氏（画押）

　　道光二十八年十二月十八日立借字弟正杰（画押）

例二:本契不是原件,而是梅县松口李氏分关抄件,属买卖粮质田契,主立契人与见证人分别为梅县松口某某与"妻古氏"及其子。(松/关/22)

　　原文曰:此田拨蒸尝光绪庚子岁二十六年又十月初一日买得和元姆名下粮质田壹处坐落土名松山下间头丘一小丘又龙仔里一大丘带本户官民米小丘七合大丘一升五勺正粮质田价银玖拾大圆正重陆钱捌分正……

　　又花押中金银壹大元陆钱捌分正

　　又酒席银壹元陆钱捌分正

　　在场见妻古氏

　　　　　男锦云

　　光绪庚子岁二十六年又十月初一日

例三:本契先为退粮田契,主立契人与见证人分别为梅县白宫镇某某与其"妻钟氏";后为白耕契,主立契人为梅县白宫镇某"兄嫂廖氏"。(白宫/光/19/04)

　　立退字人弟选明今有承祖父遗下有粮田壹处土名安乐

窝塘面上大小三丘今因梅坤侄娶妻少银应用情愿将此田托中退于福山兄出首承接即日凭中三面言定时值田价银壹佰伍拾大圆柒钱贰分伍厘正即日银字两交明白……

即日批明实领到字内银壹佰伍拾大柒钱贰分伍厘正兑中人叔……

在场妻　锺氏（画押）

在见、执笔3人（略）

光绪三十年甲辰岁二月初九日立退字人弟选明（画押）

立白耕字人兄嫂廖氏今因少田耕前来向得右长弟手内写耕田壹处坐落土名安乐窝塘面上田大小三丘即日言明每年供纳田谷贰石贰斗伍升正丰荒不得少欠如有少欠即将此田交回右长弟任从另招白耕……

即日批明每年早季供纳田谷壹石冬季供纳田谷壹石贰斗伍升正……

光绪三十年甲辰岁贰月初九日立白耕字人兄嫂廖氏（画押）

例四：本契为按粪质田契，主立契人与见证人分别为梅县白宫镇的陈某与其妻朱氏。（白宫/B/民/3）

立按生字人陈盛安□□□□□□□有粪质尝田壹处……今因少银应用愿将此田前来向得邻亲丘绍□先生手内按过生银壹佰叁拾大圆……自按之后……即将此田交于丘绍□先生耕种管业内外人等不得异言争阻如有异言争阴系按生字人与（以）及中见人一力抵当……

在场见　妻朱氏（画押）

中华民国五年丙辰岁旧历七月十七日立按生字人陈盛安出外（画押）

例五：本契为卖质田契，主立契人与见证人分别为梅县西阳镇的钟某与其妻黄氏、母李氏。（西/B/民/1）

立卖字人钟火昌今有先父遗下自己有质田壹处……今

因少银应用情愿向得堂叔……出首承买当日凭中三面言定时值价银伍大圆正……其田自卖之后即交于接人任行耕管业兄弟叔侄内外人等不得争阻如有异言系卖人一力抵当……

男萱旺（画押）
在场见妻黄氏（画押）
母李氏（画押）

中华民国七年戊午岁十二月初二日立卖字人钟火昌（画押）

（三）"心舅"、"梓嫂"、"娣"在家庭、家族中的地位

在梅县乡俗谓"心舅"即指书面语中的"媳妇"；"梓嫂"即指书面语中的"妯娌"；"娣"即指"弟"，或"阿娣"或"老娣"。下引资料中的"弟妇"俗谓"老娣心舅"。媳在家庭成员中，站在父母的立场上看，她属晚辈，直呼其名；向第三者介绍时，谓"心舅"；站在夫家兄弟的立场上，则有兄嫂与弟媳之分，兄弟呼其为"某嫂"、"某大嫂"，反之称谓"某伯"、"某叔"。依笔者所收集的文书所见，在粤东梅县传统社会变更家庭中产权的交易，不但"母"、"妻"具有一定的地位，而且作为晚辈的外来者"媳"、"弟妇"，也有与其他家庭成员同台展演的机会：出现于契约文书中，即是她们在夫家地位平等的充分体现，但与上举"母"与"妻"角色相比，"媳"在产权交易中，担任"法人"的少，"证人"的多。

例一：本契为退质田契，主立契人与见证人分别为梅县白宫镇吴某与其"妻杨氏"。（白宫/B/嘉/10）

立退契吴九江承分授有质田一处……今因乏银应用情愿托中送与亲陈东瑞出首承接……自退之后即交于接人任行耕种管业退人不得异言倘有他人争阻系退人一力抵当……

在场见妻　杨氏

嘉庆十二年十二月十八日立退契九江（画押）

例二：本契为赎质田契，主立契人与见证人分别为梅县白宫镇某"叔婶林氏"与其"媳钟氏"。（白宫/B/光/1）

　　立批赎回字人叔婶林氏情因承姑遗下接有东瑞伯质田一处……先年愚姑与瑞伯念属夫之胞兄未曾立有退契……嘉言侄备得银伍拾大圆共重叁拾伍两正赎回自批以后此田即交回于嘉言侄耕管并无异言……

　　　　在场见　嘉斌（画押）媳钟氏
　　光绪三年十月初五日立批赎回字叔婶林氏（画押）

例三：本契为无赠无赎质店契，主立契人与见证人分别为梅县松口镇梁某"兄嫂余氏"与其子。（松/光/房/06）

　　立断卖永远无赠无赎质店字人梁贤龄，承父分授质店壹全间……今因乏用……送于本梁姓松冈公尝内及壹佰零叁份尝内合共出首承领……自断卖后即交过手月课尝壹佰零叁份尝永远收租管业任从另招别赁断卖人及房亲人等不得异言生端阻抗日后永不得言增亦永不得言赎……

　　　　场见　男　悦浚（画押）
　　　　　　　侄　悦富（画押）
　　　　场见　兄嫂 余氏（指印）
　　光绪十□年四月十一日立断卖□□无增无赎质店字人梁贤龄（画押）

例四：本契不是原件，而是梅县松口李氏分关抄件，属买菜地契，主立契人与见证人分别为梅县松口镇李某兄弟及其"弟妇吴氏"。（松/关/08）

　　买得炳麟菜地两块土名坑尾上菜地壹块又窑斗边菜地一块共两块价银叁拾伍毫柒钱贰分伍厘正……

　　　　　　　桐轩
　　　　在场见　　弟妇吴氏
　　　　　　　申麟
　　　　中人尚德
　　　　执笔炳麟

光绪二十六年十一月十五日

例五：本契不是原件，而是梅县松口李氏分关抄件，属买浴堂契，主立契人为梅县松口镇李某兄弟及其"弟妇吴氏"。（松/关/09）

买得炳麟新楼地下半截（节）俗堂排第二间一间价银肆拾壹元陆毫伍仙每元柒钱贰分正共重叁拾两正……

　　　　桐轩
在场见　　　弟妇吴氏
　　　　申麟
中人尚德
执笔炳麟
光绪二十六年十一月十五日

二、从产权分析看女性尊长的威权：以赖氏焕文庐《分关》书为例

"分关"即分家，是家发展出"房"成了"家族"以后，又将"房"从家族中析出，建立新的家或家族的过程。而《分关》书即分家时的产权清单又曰"分家单"或"拨单"。① 如果上举产权变更契约还不够典型的话，而女性主持分关，分关文书以命令形式下达，所有财产的分拨"以此分关为据，不得稍有异言"，更是女性尊长威权的典型。女性尊长对于家庭经济握有比妻子更重要的主控权，客家妇女因为跟丈夫携手一同打下基业，因此在丈夫过世之后主持财产分配。女性尊长于分家《分关》书中的权利根据为"同夫所置"一词。从《分关》规定不容怀疑，足见女性尊长的地位不可动摇。下以1936年梅县松南赖氏焕文庐《分关》书为例。

赖氏焕文庐《分关》文书近3000字，封面书"分关"二字。其《分关》序云："为预立分关字母赖李氏，溯自先夫弃养以来至今二十余年矣，先夫早岁经商南洋，家中赖余操持，薄薄创有基

---

① 依笔者目前所收集的"分关"、"法人"既有男性的，也有女性的。

业，汝辈幸藉先人遗荫得以衣食无忧，今余年近古稀，虽仍精力未衰，然风烛残年，人事正难测耳，余夫有七子，不幸多早去世，但先死均为子嗣，故仍按七房之例预先立此分关，余尚健在大家依然合餐，后若老耄倦勤，交出各人自理，即以此分关为据，不得稍有异言，帷望继长增高保世滋大，则余之所愿也。"

松南赖氏焕文庐有七大房，故其产权分为七份，即"长男基勋嗣子瑾贤、次男汝勋、三男明勋嗣子瑾贤、肆男鉴勋嗣子奕贤、伍男杞勋嗣子汀贤、陆男南勋、承继孙精贤"。松南赖氏焕文庐所有财产，根据其性质分为"房产"、"田产"、"菜地"、"股票"、"其他"五大类。

（一）房产

房产有新屋与老屋之分，为使各房明了各自产权之方位，《分关》内还附有"焕文庐房屋分拨图（平面）"及分拨各房份房屋图表一张以资备查。

兹将房屋拨定如下：

（1）长男基勋房屋伍间（略）；

（2）次男汝勋房屋伍间（略）；

（3）拨三男明勋房屋伍间（略）；

（4）拨四男鉴勋房屋伍间（略）；

（5）拨五男杞勋房屋伍间（略）；

（6）拨六男南勋房屋伍间（略）；

（7）拨承继孙精贤房屋伍间（略）。

拨公众保管之房屋伍间：

（1）下堂右片正间壹全间计贰间；

（2）后枕左片楼下由正厅起算第四间一间；

（3）后枕左片楼上由正厅起算第四间一间；

（4）左片后枕楼上连横屋第贰间壹间。

拨右片杂屋由上算下第三第四两间为次男三男六男七承继孙计四房棚猪栏之用；

拨右片杂屋以外之厕所两间亦为次男三男六男七承继

孙计四房分栅之用；

其余厅、堂、廊、舍，书房壹所，浴室肆间砻礁厅壹处及右片杂屋之厕所壹间，大厨房壹间，空间鸡栖等均为公众永远保管之业。

拨老屋之房屋列后：

（1）拨老屋左片横屋由上算下第四间壹间，批明此屋拨为瑾贤读书之费用立批；

（2）拨老屋右片横屋由上算下第三间壹间又厕所壹间，批明拨为六男南勋份管业立批；

（3）拨老屋上堂右片上正间壹间，批明拨为三男明勋份管业立批；

（4）拨老屋左片横屋由上算下第五间壹间又未卖厕所壹间，批明拨为七承继孙份管业立批；

（5）拨老屋下堂左片兼横屋外正间壹间又猪厨壹间，批明拨为次男汝勋份管业立批。

（二）田产

关于田产，除详列历代祖公所创之尝份，各房所分配之份额外，还附七房轮耕各尝田次序表（略），并注明依序轮流周而复始。

兹将各尝田列后：

（1）元魁公尝份（略）；

（2）瑞兰建兰公尝份（略）；

（3）灿文公尝份（略）。

兹将七房轮值尝田支配如后（略）。

凡各房裔孙，每年轮耕各尝田，应须办祀扫坟，大家登席为要。惟祭元魁公坟则无须大家登席，特此致明。

凡耕凤形之田，其耕大丘者须祭坟，耕小丘者则无须祭坟，立批。

凡耕竹子坑门首大丘及本屋背之田者，则须祭坟，其耕竹子坑门首小丘及竹头下之田者无须祭坟，立批。

(三) 菜地

兹将菜地分拨如后：

大园里菜地贰块，在外片者拨为次男汝勋管业，在内片者拨为三男明勋管业。

拨老屋门首并墩上菜地共四块，在内兼墩上之两块拨为六男南勋管业，在外兼桥边之两块拨为七承继孙精贤管业。

水打坝并厕所背长塘尾井边四处菜地共陆块，第一节并厕所背之两块拨为长男基勋管业，中节并长塘尾之两块拨为伍男杞勋管业，第三节并井边之两块拨为四男鉴勋管业。

坝子菜地共四块，上左片者拨为七承继孙精贤管业，下左片者拨为六男南勋管业，上右片者拨为三男明勋管业，下右片者拨为次男汝勋管业。

(四) 股票

兹将普益公司之股票贰拾张分拨如下：

(1) 拨奉元魁公尝壹张；

(2) 拨奉瑞兰公尝壹张；

(3) 拨奉建兰公尝壹张；

(4) 拨奉灿文公尝叁张；

(5) 其余壹拾肆张则分拨每房各贰张。

(五) 其他

批明所有一切神会会份暨归为灿文公蒸尝，惟内有五显会会份壹份系元魁公份，又猪肉会两份系瑞兰公份……

批明当日建屋时仍剩有木料两间由公众保管，留为日后修葺焕文庐房屋之用……

批明焕文庐置有八仙桌共肆拾张，凳共壹佰陆拾张，又厅堂设备之家私及杠櫈铜盆酒樽鹤壶鼎杯茶几靠椅锣鼓堂彩吊灯堂幅等物由公众收存保管……

《分关》最后由处于尊长地位的"母赖氏"签名画

押,尔后是各房房长画押。在《分关》的最后部分,先后有场见戚、族侄、执笔侄、代笔等 16 位不同角色者在上面见证画押,说明这个《分关》从谋划到宣布是完全符合宗法并且受到该法保护的,非常严肃的。以下是赖氏焕文庐《分关》文书的画押节录:

男汀

六男南勋　　贤代汀

四男鉴勋演平

次男汝勋演平

中华民国二十五年二月十六日立预分关字母赖李氏

遵命长男基勋瑾贤

三男明勋瑾贤

五男杞勋　汀

七承继孙精贤号

三、从方志等文献看客家妇女的社会地位

客家妇女的地位相对较高,这在民间文献中有大量记载。

以清人黄遵宪家为例,其曾祖母李太夫人在家中地位崇高,具有很高的权威性:"(黄遵宪太公)府君所遗商业,或居或卖,店伙辈必来禀命,由太夫人断行之。太夫人治家严,虽所爱,或不顺遂,辄怒责,或呼杖。"

据田野考察,那些对家庭或家族有特殊贡献、地位突出的婆婆在死后还可能成为宗族中的神明,受族人的祭供与朝拜,甚至还有可能从祖神上升为地方神。① 如梅县丙村的温氏斋婆太是温氏一族最为崇信的神灵,不仅其墓地深受族人祭拜,而且每年正月初一宗族全族吃斋,并到祖堂去祭拜斋婆太。

梅县丙村温氏族人每逢年节都要在祖堂集中,举行集体性的祭

---

① 据房学嘉《围不住的围龙屋——记一个客家宗族的复生》研究资料。

祖活动。其中春节要举行两次，各有明确的祭祀对象。第一次是在除夕，全族要进行统一的祭拜活动。到仁厚祠祖堂祭拜12世祖斯润等列祖列宗。第二次在除夕晚上子时（即新年初一），温氏裔孙要再次集中祖堂，这次是专祭11世祖斋婆太，供品全为斋盘。传为正月初一是其11世祖斋婆太生日，所以族人除除夕要共同祭拜列祖列宗外，还规定年初一全族（共祖婆太的）统一到祖堂祭拜祖婆太。而且还规定，是日族人必须食斋（即素食）。族人解释说，除夕祭祖是表示对祖宗的思念，感谢祖宗对后裔一年来的庇佑。而正月初一是一年之始，族人祈望斋婆太不但要保佑后裔平安，而且要财源广进五谷丰登，因此，族人提早又提早来到祖堂给斋婆太上香，唯恐落后。斋婆太不仅深受本族的祭拜，而且受周围一些姓氏所信奉。

与此相对应的是，温氏宗族11世祖斋公年仅39岁英年早逝，其坟墓规模远未有斋婆太坟墓气派。每逢重要节日，族人祭斋婆太而不是祭斋公太。族内专门规定有祭拜斋婆太的纪念日，却未有专门祭拜公太的节日。此点特别值得注意，因与传统社会重视父权、父系的观念是相背离的。其实这种婆太崇拜在客家地区的不少宗族中都存在，反映了一些成为祖母与已作古的婆太在宗族社会中的地位相当高。

梅州的客家妇女在经济活动中有着十分重要的地位。客家地区的生态环境是田少人多，地瘠民贫，历史上男子多外出谋生。他们或读书以谋求在国内政、学、军界取得一席之地，或向海外寻找机会以求生存和拓展。

据宋人王象之《舆地胜纪》记载，宋代广东的惠州一带在集市上买卖的都是妇女。清人吴震方《岭南杂记》："至于惠州水城门外，妇女日日汲江水而卖，大埔、石上、丰市妇女挑盐肩水，往来如织，雇夫过山，辄以女应。红颜落此，真在羼提劫中矣。"

清人屈大均著《广东新语·女语》卷八，长乐（今五华县）、兴宁妇女条载曰："其男即力于农乎，然女作乃登于男。厥夫菑，厥妇播而获之，农之隙，昼则薪丞，夜则纺绩，竭筋力以穷其岁年。盁有余粟,则其夫辄求之酷家矣。故论女功者,以是为首。"

在程乡县,耕田、播种、施肥、脱秧、莳田、耘田、收割、收藏、种蕃薯、播小麦等农事均由客家妇女来承担。清乾隆《大埔县志·风俗篇》载曰:"妇女装束淡素,椎髻跣足,不尚针刺,樵汲灌溉,勤苦倍于男子,不论贫富皆然。"

据清人黄钊著《石窟一征·教养》卷三载:清代蕉岭县的客家人,"赴台湾耕田者十之二三,赴吕宋、咖喇吧者十之一"。由于大量的青壮年男子外出发展,家乡的田园均依赖妇女耕种,买卖活动也靠妇女们来做,家中的一切事务均由妇女们承担。持家务主中馈,是一般勤劳妇女的共性,而客家妇女则除很称职地担负起持家务主中馈之责外,还承担田园劳动、经商负贩、挑担佣工等多种经济活动,她们不是被别人供养的弱者,而是赚钱种粮供养家庭的强者。不仅粤东,就是在闽西、赣南等地也大多如此,妇女在生产劳动中起着重要作用。不仅在历史文献中有大量的记载,而且在客家地区的民间歌谣中也有大量的传唱。

客家妇女勤劳、刻苦与俭朴这一传统习俗,不仅在粤闽赣地区保留,就连远徙四川,乃至海外者亦如此。如《蜀北客族风光》云:

> 客家人的妇女最勤苦莫过的,她们一般的体格都很健康,在未出阁时,读读书习习绣,有时协助母亲或学烹饪,或学纺织,一天到晚忙个不休,极少赋闲享乐的。……她们习惯了劳动,并不以为苦的。我们知道,寻常一般妇女,大都愿作男子的玩物整日涂脂抹粉,除了替丈夫生育子女外,衣食住行,一切都仰给予男子。惟有客家妇女,刷洗了这个耻辱,她们不特不依靠丈夫,大都能独自经营家庭生活的,她们因肯劳动,一切都有办法,如穿衣她们则自己种棉,自己纺织,自己制缝;食的问题,也是一样的就解决了,纯粹是"自耕而食,自织而衣"。再加上从事农村副产,如养鸡、鸭、鹅、蚕或喂兔、羊、猪等,每年的收入也非常可观。她们的经济,满可以自给自

足的。若当旭日方升的时候,只要你到三家村去散散步,听见那种机杼之声和弦歌之音,是不绝于耳的,真使人在不知不觉中起了一种敬佩的心情。她们勤奋工作,周年如常的,从未听见她们发一句怨言。

不仅方志文献中有大量客家妇女承担大量经济活动的记载,民间歌谣也反映了她们参与采茶、采桑、插秧等经济活动的状况,如《客家妇女歌》记述了梅县客家妇女从事的一年四季的农事:

  一年四季农事忙,程乡妇女非寻常,
  女子如同男子汉,勤劳美德堪赞扬。

丰顺县汤坑的《绩苎歌》详细而生动地反映了客家妇女以绩苎织布为中心,一年到头的主要经济活动:

绩苎歌

  正月绩苎是新年,苎子爱绩苎爱圆。
  等得初三穷鬼日,等得初四神落天。

  二月绩苎春水深,叔婆绩苎系正经。
  久闻叔婆绩苎快,一人绩过两三人。

  三月绩苎三月三,苎子籴来布爱庚。
  苎子正爱上南机,又爱踏粄过清明。

  四月绩苎禾苗长,叔婆赓布系紧张。
  织出苎布墟上卖,换来白米度饥荒。

  五月绩苎系端阳,家家有女转本乡。
  家家女子转到尽,又爱拗艾插端阳。

  六月绩苎六月天,有布去卖正有钱。
  买块豆干等细仔,子女食到笑连连。

  七月绩苎秋风凉,叔婆赓布系慌忙。
  苎布拿去换棉布,换来大细做衣裳。

  八月绩苎系中秋,百样神头落来游。
  三姑七姊下凡到,大男细女闹啾啾。

> 九月绩苎九重阳，读书阿哥系广张。
> 糊了纸鹞又无线，三餐吃饭爱桥娘。
>
> 十月绩苎系立冬，田鸡拐子抗田空；
> 挑担阿哥无汗出，绩苎叔婆寻火窗。
>
> 十一月绩苎雪花开，做衫师傅请到来。
> 朝朝叔婆来问做，几多师傅做唔开。
>
> 十二月绩苎又一年，苎子绩了布赓完；
> 赓个布子收落柜，又爱踏柭过新年。

绩，是把麻搓成绳或线。绩苎是将苎麻浸湿后，用于指甲破成细小条状的纤维，接成长纱做成苎团，由专业的籴苎师傅籴好经纱后，便在家里用木制的脚踏织布机织布。《绩苎歌》里的叔婆，勤劳能干，一人的劳动效率等于二三人，除了绩苎织布之外，还要赴墟贸易，操持全家的穿衣吃饭、子弟读书等一应家务事，这样的叔婆，正是充当一家主心骨的客家妇女的典型形象。

到了明代，在客家地区，男女的日常交往仍然比较平常，男女的社会地位也相对平等。据明嘉靖《惠州府志》记载：当时的惠州一带，"乡落之民，每遇月夜，男女聚于野外浩歌，率俚语"。惠州府属各县也是如此，如兴宁县，"男女饮酒混坐，醉则歌唱"；长乐县"饮酒则男妇同席，醉或歌唱，互相答和"；龙川县"月夜男女浩歌"。由此可见客家地区的男女交往相对自由。

客家妇女何以在家庭和社会中具有较高的地位？学者们以梅县为主要分析对象，总结了三条：

> 其一是与地方生态环境和男女分工的结构有关，"男人多外出，卖苦力挣取微薄的收入帮补家计，妇女在家除主持家政外，还要负责田园之耕作"。
>
> 其二是客家妇女由于勤劳俭朴的美德，为家庭或家庭的建设，作出了不可磨灭的贡献，所以，在家庭或家庭财产的分配或产权之转移中，才拥有尊长的地位，即使有些产权变更的文契未出现女性的姓氏，但其背后却同样隐含

有女性的踪影,如"承母所拨"等。

其三是地方文化之影响。如上举梅县丙村温氏斋婆太、建桥张氏蓝婆太的传说故事,都提到婆太的风水很好,荫及子孙后代,所以当地人说:"我们特别崇拜婆太。"笔者认为,特别崇拜婆太,除了风水观念在起作用之外,还有一点不可忽视,就是这些都发生在开基始祖前后,人们对女性的崇拜超过男性,这似乎说明地方早期的社会思想观念对后来仍有一定程度的影响。①

以上的分析是很有说服力的。在学者们总结的三条原因中,所谓地方文化的影响,实际上就是我们说的当地文化传统问题。崇拜婆太等地方文化特色,应与古越族的女性始祖崇拜有着内在的联系。因此,客家妇女的地位较高应是受到南方当地文化的影响。

第二节 宗法视野下的客家妇女

客家妇女在传统宗法社会中的地位问题,包括其家庭地位、社会地位。概括而言,不同的客家社区,不同经济、文化程度的家庭,在不同的人生阶段均有所不同,不能仅用高、低两字来一言概之。本章从传统宗法社会的视野分析客家妇女的地位问题。传统中国是宗法社会,而宗法社会的内核是儒家文化,是以男性为中心的社会。因此,从宗法视野下看客家妇女,其地位是令人同情的。

一、在家庭生活中的地位

在传统宗法社会里,客家妇女在家庭中几乎承担了一切家务,但在家庭中的地位却并未因此得到很大提升。有一首《客家晡娘》(晡娘指妇女)的歌谣详细地叙说了客家妇女承担的诸多家务与农

---

① 房学嘉:《关于女性在传统社会中地位的思考——以梅县客家妇女为例》,《妇女研究论丛》,2004年第7期。

事活动,她们是里里外外一把手。《客家晡娘》曰:

客家晡娘,鸡啼起床。梳头洗面,先煮茶汤。煮好早饭,天才大光。
洒水扫地,挑水满缸。盲有食朝,先洗衣裳。讲究养猪,煮汁拌糠。
灶头镬尾,光光张张。田头地尾,种菜种粮。针头线尾,绣织在行。
家头教尾,顺理有方。爱子爱女,惜肝惜肠。唔生是非,敬重爷娘。
推砻踏碓,唔声唔响。捡樵割草,山歌飞扬。出门讲伴,在家守房。
有米有粟,省俭用粮。淡茶便饭,粗布衣裳。朴朴实实,唔讲排场。
人客来到,细声商量。鸡卵炒粉,酸菜煮汤。若有酒肉,让客先尝。
热情款待,面上有光。丈夫出门,家事敢当。刻苦耐劳,唔怕风霜。
能粗能细,有柔有刚。远近赞美,客家晡娘。

　　但以历史的眼光来看,客家妇女在家中的地位并不是一成不变的,而是随着年龄的增长而逐渐上升。她们在幼年时的地位极低,是个受人忽视乃至抛弃的群体,在粤闽赣地区均存在着非常普遍的溺女婴现象,若女婴得以存世,也大多被送往其他家庭做"童养媳",客家地区的童养媳婚占比例很高,有的村落甚至高达百分之七八十等即是其中典型。

　　客家妇女婚后是不是地位就改善了,可以得到丈夫的照顾与公公婆婆的疼爱呢?在传统宗法社会里,客家妇女结婚后参与夫家劳动,承担侍奉公公婆婆、洗衣做饭、种田砍柴等家内家外的诸多事务,拥有一定的家庭地位。若婚后生有儿子,能为夫家传宗接代,其地位便可得以巩固。虽然《客家晡娘》这首歌谣唱出了客家妇女的美好形象,然而这种时刻围着家庭操劳与忙碌的贤妻良母却仍然地位极低。在历史文献中,较少相关材料的记载,然而我们从文献中记载的客家妇女得承担几乎全部的家务,并且得耕田种地,出外赚钱养家,而公公婆婆与丈夫的角色极少提及就可看出她们在家务与经济事务中的"缺失"。另外,据李泳集先生的研究,古代暂搁一边不说,在近当代,客家媳妇的婚姻家庭生活也是让人十分同情的。客家农村贫穷,做媳妇的没有经济权,以及"多年媳妇熬成婆"的婆婆变本加厉恶待媳妇,客家男子大男子主义很严重,夫妻间缺乏情感交流,妇女对于丈夫来说只是传宗接代的工具;加上妇女们处在十分封闭的社会里,交往的圈子极其狭窄,使她们的生活更加单调而灰暗。

据李泳集对左村的调查①:

> 出嫁女子没有经济权,没有趁墟赶集的机会,她们的衣物、扎头绳都是家婆或家公置办。如果是成年婚嫁,嫁妆会包括三套衣服替换,规矩是三年后才买新衣。早婚或童养媳没有嫁妆,则一年只买一套衣服,一年冬衣一年夏衣。妇女终年劳作,衣服总是缀满补丁。
>
> 过去农村的粮食不宽裕,加上省俭,全家只煮一盆不够量的饭,一盆粥。做媳妇的永远不敢舀饭吃,光喝粥。家庭人口少或规矩不严的话,媳妇可以和全家围坐一起,但她在饭桌上从不敢抬眼望男人,不敢夹肉,不敢放开吃。即使家婆比较和善,劝媳妇夹菜,但身为媳妇,她永远受一种无形的礼规束缚,不敢大胆,所以她们在夫家经常挨饿。做母亲的都知道女儿的处境,故新婚女子回娘家时,母亲总热好饭菜,待女儿一进门就可以吃,这已成当地风俗。在左村,许多上年纪的妇女都知道曾亚秀(74岁)过春节只吃过一块肉的故事,曾亚秀告诉笔者,她18岁出嫁,家婆早逝,夫家只有家公和丈夫两个大男人。过年有肉有好菜,可她却不敢夹肉。年初四回娘家,忍不住向母亲诉苦,说过年只吃过一块肉。待探完娘家回夫家,见丈夫、家公正在吃饭,竟不敢过去,躲得远远的,蹲在墙角下,看着他们吃完才过去洗碗……

当代客家妇女的地位尚且如此,在提倡男尊女卑的封建社会中,已婚客家妇女的地位更可想而知了。

一般来说,在传统宗法社会里,客家妇女只有当上祖母乃至曾祖母后才拥有较高的社会地位。客家妇女成婆婆后,若家里子孙众

---

① 李泳集:《社会变迁与客家妇女地位——粤东紫金县竹园村调查》,《中南民族大学学报》(人文社会科学版),1995年第2期。

多，经济条件尚可，就可成为受人尊敬的祖婆，在家里拥有至高的地位。若此祖婆生前贤德，为家庭、家族或地方作出特殊的贡献，就有可能成为祖神，被后世的族人当做神灵一样祭拜。以黄遵宪家为例，其曾祖母李太夫人在家中地位崇高，具有很高的权威性："（黄遵宪太公）府君所遗商业，或居或卖，店伙辈必来禀命，由太夫人断行之。太夫人治家严，虽所爱，或不顺遂，辄怒责，或呼杖。诸孙妇十六七人，不许插花，不许掠耳鬓，不许以假发拖长髻尾。晨起如厕，必遍历孙妇室外。诸孙妇必于未明时严妆竟，闻太夫人履声，即出，垂手立户外问安。或未见，辄问病耶，睡耶，咸惕息不敢违。太夫人年七十时，长子方官云南，四子官福建。每岁十月，太夫人寿辰，必会亲戚，长幼咸集，酣嬉歌呼，作十日饮乃已，太夫人亦顾而乐之……"因此，太夫人的尊长地位在此描述得活灵活现，而同样在黄遵宪家族中，孙妇辈则是俯首帖耳、战战兢兢地过日子，没有什么地位。她们必须天未明就起床，整整齐齐梳洗好，稍有不合规矩就会遭到严厉的斥责。

二、在社会生活中的地位

在儒家经典中，对于古代妇女的一言一行，处处都要求其合乎礼教。要求女子懂得男尊女卑之道，要柔顺服从，遵守三从四德的道德准则。妇女行为除了要符合《孝经》、《论语》、《礼记》的规定外，还得以刘向所撰的《烈女传》与东汉班昭所著《女戒》来要求自己。据学者的研究，传统礼教，其中尤其是宋明理学对客家妇女产生了很大的影响。宋明理学对于伦理道德的改造和强调，特别是它的理欲观，对于客家人的社会心理，对于客家妇女的生活都产生了重大而深远的影响。

传统社会中男尊女卑、三从四德、三纲五常等传统伦理道德观占统治地位，客家地区的重男轻女思想根深蒂固，对女性的性别歧视广泛存在，从家内到家外，从日常生活到重要社区活动，客家妇女无不受到种种限制，处处体现出男为天、女为地，男为尊、女为卑，男为主、女为从的性别歧视。客家女子聪明、勤劳、善良，包揽了一切家务，并承担绝大部分的户外耕作劳动。她们的所有精力都花在家庭的存续、发展与兴旺上，为家庭几乎贡献了自己的一切。她们是当地财富的主要创造者，决定着地区经济的发展与兴衰。与别的民系妇女相比，客家妇女是最辛劳的，为家族、社会经济的发展付出了最大的努力，然而她们的社会地位却并不因此比其他民系的妇女高。

1. 诞生仪礼中客家女婴的缺席现象

在客家宗族社会中，女婴生出后有的被溺死，有的被送出去当童养媳，幸而留在家中的也是地位低下，与男婴的地位有着天壤之别。赏灯仪式中女婴与女性地位的缺失正反映出客家妇女地位的低下。她们的名字不能载上族谱，虽是父母所生，但却在本宗族中没有宗族成员的资格。女婴在诞生礼中的庆贺仪式的缺席说明女婴在父母家中不具有本族人的身份与地位。其实，究客家妇女的一生，她们的地位都是从属的，出嫁前在父母家没有族人的资格，出嫁后在夫家仍属从属地位，虽然被载入夫家的族谱，但只有一姓氏，仍然没有完整的名字载入。她们享有的权利与地位也一样是不完整的，"在家从父，出嫁从夫，夫死从子"是对其社会地位的真实写照。

2. 在宗族性与公共性的民间信仰活动中的缺失

在传统的客家宗族社会里，每个宗族都要祭祀祖先，包括祠祭与墓祭。一般来说这种宗族性的祭祀祖先活动都是例行春秋二祭，春祭一般在清明前后，秋祭一般在八九月金秋时节。这种祭祀活动的全过程都是男子在参与：上坟只许男丁参与；扫墓归来后，在祠堂中大摆筵席，也只有男子才有享用酒席的权利。男子们不论贫富，不分大小均有席位。那些男婴出生不久就可由家人抱去参加筵席，得到与成人一样份额的饭菜，而未出嫁的大家闺秀，无论家庭地位有多显赫，也不能入席。媳妇与婆婆只能帮忙采购，办酒席及处理其他烦琐的杂事，在幕后为男子们上坟祭祀提供一切服务，她们却只能在厨房中吃一些剩饭剩菜。宗族性或跨宗族的一些庙会游

神活动也同样是不让女子参与，认为女子参加是对神灵的不敬。

在梅州，甚至连一些重要的家庭敬神活动也拒绝让女子参与，女子甚至连观看的机会都没有。每到除夕之夜，新旧岁交接之际是最吉祥的时刻，每家、每姓、每村都要在大厅殿堂隆重设坛祭祀，朝天拜神，然后鸣放爆竹。这种祭天神的活动，只准男人祭祀，主祭人穿长衫马褂，头戴礼帽，向天神三跪九拜，女人被排除在外，她们连在家庭中参与敬神的权利也被剥夺了。

3. 在筵席饭桌上的高下尊卑

受传统礼教影响，妇女低下的社会地位在筵席与平时饭桌上男女位置的安排可充分体现出来。婚嫁、迁居、祝寿及节日等重要庆典往往要摆酒席，四方宾客济济一堂，但是吃酒席时，女子不能与男子同席，有男席与女席之分，男席在上，女席在下，男席在左，女席在右，以示男人的高贵与尊严，女子的低下与卑微。其实，不仅是在重要的筵席上，就连日常家人吃饭时也有不少家庭让男人先吃，妇女后吃，每逢家中有好吃的东西，总是要留给男人及男孩子吃，女子不能分享。在传统社会中，男尊女卑的观念是十分根深蒂固的，以致到了现代，这种现象在客家地区还普遍存在着。

4. 洗衣晒衣中的性别歧视

受传统礼教影响，家人洗衣晒衣还有许多男尊女卑之分。放衣物时，得把男子的衣服放在最上面，禁把女子衣服放在男子衣服上面；洗衣服时，得先洗男子的衣服，后洗女子的衣服。若一群妇女同在溪流中洗衣服，当洗女子衣服时必须到人群的下游方向洗，否则会遭别人的责骂。晾晒衣服时，得把女子的衣服晒在下方，男子的衣服晒在上方。尤其是女子的裤子与月经用品不能随意晾晒，得晒在偏僻之处，禁晾在对着门或窗之处，也禁晾晒在人来人往之处。甚至于小孩在女人裤子下穿过也认为是极不吉利——小孩从此便会长不高。若小孩被家长发现会被狠狠地责骂一番，以致小孩见到晾晒的女人裤子便要退避三分，让小孩子从小就有一种女人肮脏的观念。从放衣洗衣晒衣中的种种对女人衣物的态度可看出客家女子社会地位的低下与卑微。

5. 日常生活中对妇女的诸多禁忌

由于千百年传统礼教的影响，重男轻女、男尊女卑的思想根深蒂固存在于国人的意识中。客家社会也是如此，在日常生活中形成了不少以女性为对立面的禁忌习俗，男尊女卑到处可以体现出来。这些禁忌除了上述放衣洗衣晒衣的禁忌外，还包括：大清早出远门忌碰见女人，若碰见则出门会不顺利；女子忌从木匠、泥匠、瓦匠、石匠等工匠的用具上跨过，否则就是不吉；孕妇忌朝神拜菩萨、忌抱别人的婴儿、忌坐木桶、忌进新人的洞房，临产阶段禁去别人家中做客，尤其忌在别人家中住宿，以避免在别人家中分娩，等等。倘若在别人家生孩子，得杀猪、杀鸡以"谢屋"。不仅如此，客家人连妇女生孩子与坐月子的房间也有禁忌，认为到了这种场所运气会很糟糕。

由以上的分析可看出，客家妇女在传统宗法社会中，社会地位是极其低下的。新中国成立后，随着国家男女平等政策的宣传与实施，女性拥有与男子平等的政治、经济与教育等的权利，她们的劳动强度大大降低，身份与地位也不断提高。她们努力学习文化知识及各项技能，各行各业均出现了许多女状元。这些杰出的客家女性精英，为祖国的建设与发展作出了很大贡献。

第三节　草根文化视野下的客家妇女

影响客家妇女思想、行为的主要因素是复杂的，从历史文化积淀看，上层部分则是儒家礼教文化（以宋明理学为主）及外国宗教文化，而底层部分应是草根文化或曰本土文化为主。

根据史书的记载，粤东、闽西、赣南在古代均属于"百越"的范围。"百越"又作"百粤"，有东越、闽越、瓯越、于越、西越、骆越、南越之分，大致包括浙江南部，广东、福建、广西全部，安徽、江西、湖南、贵州的部分地区以及越南的大部分。其中闽西、粤东又是百越中"七闽"部落的领域。据《周礼》的记载，"闽"是南方土著"蛮"的一支，"七闽"则是指闽的七个部落，

后来转意为七闽部落的分布地。赣南不属于七闽的领地，它"春秋为吴越地。战国越灭，为楚地"。但为楚地只是政治上所属，所居的主要仍是越人。

直到秦代，粤东、闽西、赣南居住的都是统称为"百越"的岭南土著。汉武帝时，闽粤国和南海国被灭，人民被迫迁移到江淮，一部分不愿迁的人民逃匿于深山密林中。此后直至唐代中叶，粤闽赣交界区域的情况在史书上记载很少。据文献所载，自唐初至宋末，粤闽赣交界区域以及邻近的郴州、吉州、漳州、泉州、广州等地，土著的势力均很强大，汉人的势力基本上尚未进入这一区域。这些地区土著的名称有：俚、洛越、越人、夷僚、蛮夷、峒蛮、蛮蜑、峒寇、峒僚、山越、畲、輋、傜、蜑等多种叫法。这些不同称呼的土著有的是古代越族特别是闽越族的后裔，有的则是盘瓠蛮迁入粤闽赣边区演化而来的，他们中有些是当今畲族的先民，有的则成为客家人的先民。

宋代以后，客家先民在粤闽赣这块土地上，与土著长期劳动、生活在一起，文化互相涵化，习俗互相影响，今天在很多方面虽已难分彼此，但仍然可以看出客家文化习俗的许多方面都受本土文化的影响。根据学者们的研究，本土文化对客家妇女的影响是多方面的，如：饮食、服饰、婚嫁、丧葬、文艺、神灵崇拜、民间信仰等领域的"奇特"习俗，均是受本土文化影响所致。其中服饰方面的高髻、船子髻、三把簪，葬俗方面的捡骨葬，文艺方面的山歌渊源，宗教信仰方面的三山国王、蛇神、猎神、石崇拜和树崇拜等，都来源于岭南土著的文化传统。此外，饮食方面的绿荷包饭、稜米，丧葬方面的买水浴尸，婚嫁方面的转亲、抢婚，宗教信仰方面的婆太崇拜，生产生活习俗方面的天足、女劳男逸，命名习俗中的郎名和法名等，也都是岭南土著习俗的承传，或受到岭南土著文化的强烈影响。

在客家地区，妇女们承担了主要劳动。这在文献与歌谣中均有大量的记载与反映。如清·屈大均《广东新语·女语》卷八，"长乐、兴宁妇女"条载："其男即力于农乎，然女作乃登于男。厥夫蓄,厥妇播而获之,农之隙,昼则薪丞,夜则纺绩,竭筋力以穷其岁年。盖有余粟,则其夫辄求之酤家矣。故论女功者,以是为首。增城绥福都亦然。妇不耕锄即采葛,其夫在室中哺子而已。夫反为妇,妇之事夫尽任之。谓夫逸妇劳,乃为风俗之善云。"清·吴震方《岭南杂记》:"至于惠州水城门外,妇女日日汲江水而卖,大埔、石上、丰市妇女挑盐肩水,往来如织,雇夫过山,辄以女应,红颜落此,真在羼提劫中矣。"广东的兴宁、长乐(即今五华)、增城、惠州、大埔等地,均是客家人聚居地。《广东新语》、《岭南杂记》均成书于清朝康熙年间。屈大均、吴震方记述了当时客家妇女"竭筋以穷其岁年"的辛勤之状,举凡耕锄、采薪、纺织、肩挑、雇工等等,无所不为。可见,客家"男逸女劳"之习,由来已久。

　　这种情况也可从大量地方志记载中得到证明。清人黄香铁著《石窟一征·日用》卷五记:"村庄男子多逸,妇女则井臼、耕织、樵采、畜牧、灌种、缝纫、炊爨,无所不为,天下妇人之勤者莫此若也。盖天下妇女劳逸尚分贵贱贫富,吾乡即绅士素封之家,主母与婢妾种作劳逸均之;且天下妇人即勤苦亦或专习一事,吾乡则日用、饮食皆出其手,不独田工、女工已也。"清人温仲和对女劳男逸现象发表议论:"州俗土瘠民贫,山多田少,男子谋生,各抱四方之志,而家事多任之妇人,故乡村妇女耕田、采樵、缉麻、缝纫、中馈之事,无不为之。絜之于古,盖女功男功皆兼之矣。自海禁大开,民之趋南洋者若鹜。始至为人雇佣,迟之又久囊橐,稍有余积,始能自为经纪,其近者或三四年五七年始一归家,其远者或十余年二十余年始一归家,甚有童年而往,皓首而归者。当其出门之始,或上有衰亲,下有弱子,田园庐墓概责妇人为之经理。或妻为童养媳,未及成婚,迫于饥寒,遽出谋生者往往有之。然而妇女在家,出则任田园、樵苏之役,入则任中馈、缝纫之事,古乐府所谓'健妇持门户,亦胜一丈夫',不啻为吾州之言也。其或番银常来,则为之立产业、营新居、谋婚嫁、延师课子,莫不井井有条。其或久赋远游,杳无音信,亦多食贫攻苦,以俟其归,不萌他志。凡州人之所以能远游谋生,亲故相因依,近年益倚南洋为外府,而

出门不作惘惘之状者,皆赖有妇人为之内助也。向使吾州妇女亦如他处缠足,则寸步难移,诸事倚任婢媪,而男子转多内顾之忧,必不能怀远志矣。其近山诸乡,妇女上山樵采负薪入市求售,以谋升斗者,尤为勤苦。然皆习之而安,无若朱翁子之妻以是为耻而求去者。至如《后汉书》所载,王良为大司徒,妻子不入官舍,司徒史鲍恢过候其家,而良妻布裙曳柴从田中归,若以吾州近山诸乡言之,此乃常事,无庸叹息,以为绝无仅有之事也。"①

徐珂编撰《清稗类钞·风俗类》记大埔妇女:"日出而作,日入而息,自奉俭约,绝无怠惰骄奢之性,于勤俭二字,当之无愧。至其职业,则以终日跣足,故田园种植,耕作者十居七八。即以种稻言之,除犁田、插秧必用男子外,凡下种、耘田、施肥、收获等事,多用女子。光、宣间,盛行种烟,亦多由女子料理。种烟晒烟等法,往往较男子为优。其余种瓜果、植蔬菜等事,则纯由女子任之。又高陂一带,产陶颇多,其陶器之担运,亦多由女子承其役。各处商店出进货物,或由此市运至彼市,所用挑夫,女子实居其半。其余为人家佣工供杂作者,亦多有之。又有小贩,则寡妇或贫妇为多。又除少数富家妇女外,无不上山樵采者,所采之薪,自用而有余,辄担入市中卖之。居山僻者,多以此为业。又勤于织布,惟所织者多属自用耳。总之,大埔女子,能自立,能勤俭,而坚苦耐劳诸美德无不备具,故能营各种职业以减轻男子之担负。其中道失夫者,更能不辞劳瘁,养翁姑,教子女,以曲尽为妇之道,甚至有男子不务正业而赖其妻养之者。至若持家务主中馈,犹余事耳。"其实,插秧也多女子为之,其他记载均属实。持家务主中馈,是一般勤劳妇女的共性,客家妇女则除很称职地担负起持家务主中馈之责外,还承担田园劳动、经商负贩、挑担佣工等多种经济活动。

不少学者都认为客家妇女的这一特质是受岭南土著"女劳男逸"习俗的影响。在宋代,岭南已流行"女劳男逸"之风。宋·周去非《岭外代答·蛮俗门》记载曰:"余观深广之女,何其多且

---

① 光绪《嘉应州志·礼俗》卷八。

盛也。……妇人则黑肌充肥，少疾多力。城郭虚市负贩逐利，率妇人也。……为之夫者，终日抱子而游，无子则袖手安居。"南宋晚年任官于广东西路的李曾伯，对邕州所属武缘、宣化两县风俗写道："樵苏种获，与夫负贩趁墟，皆付之妇人；而为丈夫者，却抱哺炊爨，坐守茅庐，盖其气力反妇女之不若。"

女劳男逸在岭南地区很常见。北宋·乐史《太平寰宇记》卷259《循州·风俗》载："织竹为布，人多僚蛮，妇市，男子坐家。"循州在粤东，长乐，兴宁、龙川等县都在宋代循州境内。这则史料反映古代粤东僚蛮妇女既做家务又干农活，有的还做生意，揭示其时其地僚蛮妇女在社会经济生活中起到了比男人更重要的作用，这样的一幅社会生活风俗图画，为近代以来客家妇女的勤劳能干提供了一个最合理的解释，那就是受其先民的岭南土著风俗影响所致。

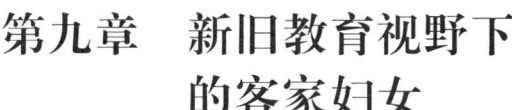

第九章 新旧教育视野下的客家妇女

早在传统科举时代,客家地区已有女子教育,其中粤东梅州的女子教育在清末时期已经开始兴起,但由于传统礼教的束缚和生活环境等因素制约,能接受正规教育的女子极少,绝大多数妇女仍处在于文盲、半文盲状态。新中国成立后,从法律上规定适龄女童与男童一样享有受教育的权利;而许多成年妇女则参加各类夜校、扫盲班、职业班及成人学校,才使女子受教育的人数不断提高。

第一节 清末的梅州女子教育

叶璧华首创粤东客家地区女子学校。清光绪二十四年(1898),梅县著名女诗人叶璧华冲破传统礼教的束缚,在开明人士的支持下,于梅城原"培风书院"(今梅城周增路)创办了梅州第一间女子学校——懿德女校,开梅州女子教育之先河。懿德女校属公立学校,教学内容以文学诗词为主。该校开办之初,招收学生30多名。懿德女校开办了13年之久,直到1912年与崇实女校合并,改名为"县立女子师范学校"。在此期间,懿德女校前后共培养了上千名女生,对梅县女子社会地位的提高和当地经济发展功不可没。

继懿德女校以后,梅县先后创办耕耘小筑女校、崇实女校、嘉善女校、梅县县立女子学校、广益女子学校、心光盲女院、桂里女校,兴宁县先后创办懿微女校、怀德女校,大埔县创办了大埔县立女子小学校等。随着女子学校的先后开办,梅州入学女子日益增多。

耕耘小筑女校创办于清光绪三十一年（1905），创办人为梅县女教育家梁浣春，校址在梅城北门外的曾氏别墅"耕耘小筑"，此为梅州第一间私立女子学校。该校设国文、算数、常识、手工四门课程，开办初有学生30多人，年长者30多岁，年幼者仅六七岁。

梅县嘉善女校创办于1907年，地点在梅江区上市市塘唇对面育婴堂旧址，为梅州第三间女子学校。该校是公立女子学校，命名为"梅县第一区区立嘉善女子学校"，聘请梁浣春为校长。一开办就招收了50多人，最多时达130多人。为使学生全面发展，该校还聘请了两名德国女传教士担任音乐、体操、编织教员。嘉善女校成绩卓著，赢得了社会各界女士的赞许和支持。为梅州女子教育打开了新的局面。

第二节 民国时期的梅州女子教育

进入民国以后，梅州的女子教育无论是办学规模还是招生人数，都得到快速的发展。

1913年私立桂里女子学校在今梅城东街千顷楼创立，招女生100余人。

1915年梅县政府创办了县立第一女子高等学校，校址在梅城城隍庙右侧的培风书院。1922年扩办为广益女子初级中学，校址在梅县城东。1926年增办高中，招高中生122人，美国传教士级平如任校长，直至1958年才正式结束女中，招收男女生，改为广益中学。

1917年，梅县松口女子学校与当地松口公学合并，称松口公学，该校女生亦并入松口公学就读，创梅州男女学生同校学习的先例。

1921年，省立梅州中学开始招收女生。此后，不少中小学校也开始同时招收男女学生，女子有了更多的上学机会。

1922年，原梅县广益女子小学校正式命名为私立广益女子中学，并实行"六三三"制，设初中三级，附设高中一年级。课程

设置与普通中学相同,但尤为重视英语教学。私立广益女中是梅州第一间女子中学。

1931年,梅县计有女子学校6间,其中中学2间,学生111名;小学4间,学生673名。

梅县县立女子师范因连年内战,教育经费匮乏,成立6年,未能招收师范生,实为女子小学,直至1919年才开始招收师范生。1929年,该校改为县立女子中学,但仍设师范班及附属小学。时任该校校长的妇女黄春英为恢复女子师范学校而奔走呼吁,她联络海内外校友,广为集资,建起新校舍,修筑新校道(现梅城培风路)。并针对当时小学教师奇缺的情况,提出"要为各县提供师资"的计划,想方设法充实学校师资,提高教学质量。1936年争取将学校由县立改为省立,并改名为梅州女子师范学校。此后,该校先后设立了乡村师范班(两年制)、普师科(三年制)、简易师范科(四年制)、幼稚师资科(两年制)。全盛时期,学校规模有23个班,在校学生900多人。

民国时期梅州的女子教育既有普通教育,也有职业教育,梅州女子职业学校的兴办,首先建立的是女子师范学校。

辛亥革命后,由于女子学校发展迅速,女子学校的师资奇缺,设立女子师范学校势在必行。1912年,梅县懿德女校和崇实女校合并,建立了县立女子师范学校。这是梅州建立的第一所女子师范学校。她的建立,为解决女子的职业问题,促进女子教育起了积极作用。1936年,梅州地方人士联名呈请省政府将该校改为省立梅州女子师范学校。学生一律免收学费,另给津贴生活费。到1941年已有女师班8个班,学生219人,教职员工25人。这些女学生,毕业后绝大多数都从事教育工作。

1924年原梅县县立女中教员杨恒昭在梅城开办恒业女子职业学校,授裁缝、编织、刺绣等手工兼学文化。1941年,梅县第一区区立女子小学(原嘉善女校)改为县立女子初级职业学校。该校除教授一般中学课程外,另设缝纫、编织、刺绣等课程。平远县也于1943年开办职业学校家政班。除此之外,各女校还经常开办

妇女工艺传习班，为梅州妇女学习文化、走上社会创造条件。

残疾女子的教育在梅州也有悠久的历史。1912年，梅州地区唯一的盲人学校——心光女子学校在梅县黄塘开办。该校是由德济医院德籍助产士赫求光姑娘（德国人）建议，由德国基督教会在黄塘建立。该校的建立，使一批女盲童有了受教育的机会。建校之初，收养盲童20多名。因这间女校专收盲女，1938年改名为心光盲女院。1940年，该院收养盲女增至68人，设有幼稚班、三年级、五年级和手艺班，编班上课，所授课程为国语、算术、写字、神诗等，课本均为凸字盲文课本。同时进行手工技艺的指导，使盲女毕业后有一技之长，能够自食其力。

1941年，梅县、兴宁分别创设1间县立高级助产学校。梅县助产学校设在梅城梅正路车站附近，招收初中毕业的女子入学，第一期招收60人。兴宁助产学校设在兴宁民众医院（今兴宁县人民医院），首届招生75人。两校的学制均为3年，每年都有招生。课程设置有解剖生理学、产科病理、细菌学、药物学、急救术、妇婴女生、育婴学、儿科概要等课程。学校十分重视临床实习，每年都为梅县、兴宁培养不少助产士。

此外，梅县平民医院还附设了私立平民护士学校。黄塘德济医院附设私立德济护产学校。这些学校也培养了不少女护士，解决了她们的就业问题。

女子学校虽不断发展，但在学人数的男女比例还是相当悬殊。在比例上女生还是占极少数。据1932年兴宁县的统计，全县有女子小学生1615名，占该县小学生的5.5%，女中学生23名，占该县中学生的2%。即使是女子教育最为发达的梅县，1942年也仅有女中学生1313名（包括女师及职校学生），为该县中学生的14%。

从1925年开始，各县纷纷成立妇女组织，积极举办妇女夜校，为梅州妇女接受文化教育开辟了另一路径。1926年，梅县妇女解放协会也开办了一间较为大型的妇女夜校，不少乡村也以村落为点办起妇女夜校。没有上学机会的青少年女子、小媳妇乃至中年妇女，纷纷进夜校学习文化知识。

1934 年，大埔百侯地区的夜校搞得有声有色。百侯学校校长潘一尘和教师程洁声等推行陶行知倡导的"生活教育"，实施"生活即教育、社会即学校"的教育理念，开展以小学生为主的普及教育运动，发动小学三年级以上学生充当小先生，在该地办起各种形式的夜校舍 77 所，参加学习的学员 3000 余人，大部分是妇女，其中有六七十岁的老大娘，也有七八岁的女童。

到了抗日战争时期，梅州妇女夜校更得以蓬勃发展，遍及乡间村落。1939 年 11 月 12 日，邮版的《梅县抗战》周刊第十四期记载，"梅县妇女夜校，甚为发达，就一般估计，已有千所之普"，参加学习的妇女 25100 多人。当时兴宁也有夜校 950 间，就读妇女达 53100 余人。五华县读夜校的妇女也达 30000 余人。妇女们利用小学教室、祠堂或是乡间比较宽敞的房屋，作为夜校场地。乡间夜校人数多的数十人，少的七八人不等。不少共产党员、小学教师主动担当夜校老师，他们有的自行编写课本，有的采用学抗会、妇女会编写的课本，有的则利用《平民课本》、《白话信札》等作为教材，这些教材均具有思想性和文化性。妇女夜校的开办，使一大批妇女特别是农村妇女学到了不少文化知识，梅州妇女由此而提高了整体的文化水平。

附：清末民国时期梅州地区女校统计表

校名	校址	创办人	创办时间	备注
懿德女子学校	梅城	叶璧华	1898 年	1913 年与崇实女校合并为县立女子师范学校
耕耘小筑女子学校	梅城	梁浣春	1905 年	1970 年停办
嘉善女子小学	梅城	梁浣春	1907 年	后改为梅县第一区区立女子小学，1941 年改为县立初级职业中学

续上表

校名	校址	创办人	创办时间	备注
崇实女子学校	梅城			1913年与懿德女校合并为县立女师
心光女子学校	梅县黄塘	赫求光	1912年	1938年改为"心光盲女院"
懿微女子小学校	兴城	罗雅达	1912年	1920年改为兴宁县立女子学校
桂里女子小学校	梅城	梁浣春	1912年	1914年冬停办
广益女子小学校	梅县城东		1913年	1922年改为女子中学
梅县县立女子师范	梅城		1913年	1929年改为县立女子中学
大埔县县立女子小学校	茶阳	饶亮我 谢纯史	1913	
乐育女子学校	梅县黄塘	约以礼	1914年	1920年至1923年改为"乐育女子师范",1930年与乐育小学合并
松口女子小学校	梅县松口	饶一梅	1915年	1917年与松口公学合并
兴宁县立女子学校	兴城		1920年	由懿微女校改办
广益女子中学	梅县城东		1922年	由广益女子小学扩办
恒业女子职业学校	梅城	杨恒昭	1924年	
怀德女子学园	兴城	张怀玉	1925年	
石扇女子学校	梅县石扇	彭精一	1926年	1928年停办
梅县县立女子中学	梅城		1929年	由梅县县立女子师范改办
广东省立梅州女子师范	梅城		1936年	由梅县县立女子中学改办

续上表

校名	校址	创办人	创办时间	备注
平远女子小学		萨崇英	1939 年	1942 年停办
梅县县立女子初级职业学校	梅县		1941 年	
平远职业学校家政班		赖伴梅	1943 年	1949 年停办
兴宁县立女子初中	兴城	王碧云	1944 年	1949 年并入兴宁一中
丰顺汤南女子学校				

(上表材料来自《梅州妇女志》，梅州市妇联编，1990 年)

第三节　新中国的梅州女子教育

新中国成立后，妇女取得了与男子同等的就学权利，适龄女子大都参加正规学校的学习，不能参加正规学校学习的妇女则参加各种各类业余学校的学习。

新中国成立初期，实行教育体制改革，女校逐步与男校合并或实行男女同校。女童普遍上学。据统计，1951 年梅州地区有在学小学生 239019 人，其中女生 62056 人，占小学生总数的 26%，以后逐年增多。至 20 世纪 70 年代以后，历年就读的女生占小学生总数的 47% 左右，中学女生占中学生总数的 38% 左右，每年都有一大批女学生考上高等院校及中等专业学校就读。

另外，群众性的扫盲运动及其他各方面的专业训练也广泛开展，广大妇女积极参加这些业务学习，取得了很大的成效。

20 世纪 50 年代初期，针对群众文化素质普遍较低、文盲多的情况，各县人民政府在接收、接管、改造普通教育的同时，即组织人力开展以扫盲为中心的工农业余教育，把成人教育纳入教育部门的议事日程。1950 年，全地区办民众夜校 3158 间，参加学习的有 159812 人，其中大多数是妇女。

有些地方则开办专门妇女夜校（妇女识字班）。兴宁县政府通令各小学一律开办妇女识字班，短时间内就先后开办妇女识字班1226个，学生20264人。该县文教科协助妇联编印《妇女识字课本》、《中级妇女书信》共10500册，作为妇女夜校教材。其时五华县、大埔县也相继办起了不少妇女识字班。

总体而言，梅州女子教育虽然迅速发展，但由于旧的传统礼教观念根深蒂固，以及山区经济还不发达，客家妇女仍然负担较为繁重的体力劳动等各种原因，在很长一段时间女子教育还未达到与男子完全平等，历史进入21世纪，梅州女子教育获得了与男子完全同等的权利，大批的客家女子通过教育不断成长，成为新时代国家建设的重要参与者，在各行各业发挥着重要的作用。

附：1974—1985年梅县中小学女生统计表

年度	小学			中学		
	学生总数（人）	女生数（人）	百分比	学生总数（人）	女生数（人）	百分比
1974	97346	46927	48.2	48911	16734	34.2
1975	97298	47413	48.7	43407	19194	44.2
1976	95808	46720	48.8	50114	23084	46.1
1977	91672	44680	48.7	32146	15084	46.9
1978	93810	45177	48.2	58066	25675	44.2
1979	87018	41906	48.2	42057	17764	42.2
1980	89514	43274	48.3	46645	10590	22.7
1981	89810	42608	47.4	37936	12118	31.9
1982	98492	46829	47.5	35114	13904	39.6
1983	92037	43999	47.8	36113	14571	40.3
1984	86006	41183	47.9	39988	15846	39.6
1985	81394	39099	48	40212	16320	40.6

第四节 清末民初的客家女教育家

一、幽居才女范荑香

范荑香（1805—1886），原名蕊淑，又字清修，大埔县三河镇梓里村人。她出身于书香门第世家，其高祖、祖父和父亲均为清代举人。

范荑香自幼聪颖，初由其母教识字读书，稍长则由其父教作诗文，故自小便能文能诗。她21岁结婚，婚后4年守寡。其兄将一子过继给她。生活艰苦，夫兄等人劝其改嫁，范荑香坚决不从，认真教儿读书，曾写过《课儿》诗三十六韵。范荑香的父亲弃官回乡后，怜女境遇，叫她回娘家居住了20年。其父母去世后，荑香无所依，誓志空门终老，长斋念佛，及后至嘉应州选择庵场作静修之所。她以诗咏物，借题写意，雅韵欲流，名噪遐迩。时嘉应州学正梁光熙读其诗，爱其诗而怜其遭遇，特发起募捐，得银600余两，择定白土堡潭乡（今梅江区东升乡圣人寨村）建"荑香静室"供其静修。

范荑香为近代岭东著名女诗人之一。她择庵修行，到过不少名山古刹，皆有题咏，诗作多达千首，今阴那山灵光寺尚存其题诗。道光二十三年（1843），嘉应进士黄基及举人梁光熙将其诗汇集成册，题名为《化碧集》，并作序，刊印时因她不同意而止。至民国五年（1916），梅县人管幼惺将梁光熙编订的范荑香诗加以校订，付梓发行。

范荑香诗，除寡居前所写颇为清新雅逸外，寡居后所写多具凄婉情调，咏物怀古，大都借题抒意，其中《落花》和《闺怨》最为人所传颂。如年轻时所写《踏青》："天气晴和景物佳，商量载酒约同侪；寄语姐妹休行急，待我齐齐着绣鞋。缓步同行过小桥，春风吹暖卖锡箫；忽惊背后来游客，退入垂阴折柳条。"寡居后所写《闺怨》："永夜深深蜀魂啼，寒风吹入画楼西；如何不啄花前露，偏问幽闺自恻凄。遥问孤雁渡潇湘，难寄音书到异乡；漫道恩情如逝水，三生盟誓勿相忘。"

范荑香这位女才子的不幸遭遇，曾引起嘉应许多诗人的同情和惋惜。张凤韶诗："可怜绝世聪明女，终老寒灯古佛前。"叶璧华《赠范荑香诗》有句"谁教绮阁谈诗侣，竟做挑灯踏雪人"。这些诗代表了同时代的文人对范荑香的怀念和景仰。

二、大才女叶璧华

叶璧华（1841—1915），号润生，别字婉仙，梅县丙村芦陵村人，岭东著名女诗人、女教育家。其父曦初是文人，其夫李蓉舫（东郊盘龙村人）是清末举人，其家翁李载熙为清代翰林。

叶璧华自幼聪颖好学，10多岁就能题诗作对，名噪一时。清光绪年间，两广总督张之洞慕其名，聘她到广州做家庭教师。执教期间，深受维新思想影响。光绪二十四年（1898）戊戌政变后她回到梅县，在乡力主兴办女校，推行新学，得到乡里开明人士的支持。光绪三十二年（1906）她在梅城创办女子学校——懿德女校，亲任校长，成为梅县最早开办的女校之一。

叶璧华诗作甚丰，部分诗作反映其远大抱负和忧国忧民思想，有"果侠剑光耀斗牛，不教窗下老峨眉"和"河山久壮蛟龙气，风鹤旋惊草木传。听到鸣鸠一洒泪，中流谁着祖先鞭？"之句。她的爱情诗也写得细腻感人，而于词功力尤深。《高阳台·梅影》下片云："啁啾翠羽催春梦，怅参横日落，绮袖难亲，淡抹烟痕，玉人思哲还停……"

叶璧华晚年出版有《古香阁全集》，包括她生平的诗、词、赋三个部分。黄遵宪于序中云："余年十五六，即闻其能诗。逮余使海外，归自美利坚，始得一见，尽读其所为古香阁诗集。其诗清丽婉约，有雅人深致，固女流中所仅见也。"丘逢甲也为她的全集题

七绝三首,其中第三首云:"滴粉搓酥绮意新,溶溶梅水写丰神。桐花阁外论词笔,更遗香闺作替人。"清代嘉应词人以桐花阁主人吴兰修为最负盛名,丘逢甲认为吴兰修之外,只有叶璧华可作"替人",这是对她很高的评价。

附:叶璧华诗词选录

(一)采莲曲

移舟破晓过横塘,红染罗衣绿染裳。
并蒂数枝休采却,好留湖侧伴鸳鸯。
板桥西去是侬家,万顷芙蕖散彩霞。
素手折来三两朵,游人莫误浣溪纱。
荷花荷叶插疏篷,柄柄幽香袭晚风。
短棹归来红日落,波心谁唱可怜侬。

(二)游白云诗

独上仙人阁,凭栏一望空。竹阴时舞鹤,松老欲成龙。
近接云间日,低看海上峰。安期在何处,翘首忆芳踪。

三、女教育家梁浣春

梁浣春(1864—1949),梅城禾好塘人。是清末民初梅县著名的女教育家,她出身于书香门第世家,其曾祖是清嘉庆年间进士,其祖父举人出身,其父梁友琴也是笃学有成。梁浣春自幼得其祖母钟爱,被当做男孙教育,5岁即随堂兄弟入家塾学习,到10岁时已学完《四书》、《五经》、《烈女传》等及其他诗词名著,学识益进。

光绪三十一年(1905)梁浣春在曾氏"耕耘小筑"别墅开办女子学校,开梅县女子教育之先河,由于教育方法得当,来校就读

的女学生益增。光绪三十三年（1907），梅县地方当局和社会贤达开办公立嘉善女校，聘梁浣春任校长。

为使学生上进，梁浣春不断革新教学方法：一是选用年龄大、品学兼优的学生为低年级助教；二是允许破格升级，凡期中考试成绩优异者，准予中途升级，期末考试成绩特优者准予跳级。为使学生全面发展，她还专门聘请两名德国女传教士来校教授音乐、体操等现代课程。

1915年，梅县创设县立第一女子高等小学，梁浣春任校长。当时梅县教育发展日益迅速，小学教师需求不断增加，她认为女子赋性慈爱、细心，最适宜做小学教师，建议县公署开办女子师范学校，以培养女教师。当局以经费困难为由，敷衍了事，但梁浣春抱定决心，克服经费、人力等巨大困难，终于于1918年9月，正式开办梅县县立女子师范，亲任校长，学制两年，1924年将学制改为普通师范3年制，经过多年努力，该学校培养出了一大批优秀的女教师，为梅州教育事业的发展作出了巨大贡献。梁浣春享年85岁。

四、张怀玉和她的怀德女子学园

张怀玉，1902年出生于兴宁城镇后街（今中山西路）的一个书香世家。她自幼好学，善诗文，并长于裁缝、编织、刺绣等手工艺。

张怀玉早年毕业于兴宁县县立女子学校，接受男女平等思想，决心为振兴妇女教育、提高妇女社会地位而努力。1925年，在亲友的支持和帮助下，她以自己的住宅为校舍，创办了怀德女子学园。

怀德女子学园的招生对象为13至18岁的未婚女子，收费甚少，课程设置重在实用，以适合妇女生活需要的裁缝、编织、抽纱、刺绣等工艺为主，兼授小学和初中的语文、数学，语文又以应用文为主。当学生走出校门后，所学工艺和知识，能够立即派上用

场,使学生具备谋生的本领,从而摆脱对男性的依附。

1940年,怀德女子学园校舍被政府征用办公,被迫停办。从开办至停办共15年,先后培养女学生数百人,为兴宁妇女教育作出了卓越贡献。

第五节 梅州的女子体育

民国前,梅州妇女完全被禁锢在封建礼教的圈子里,根本谈不上参加体育活动。富贵人家的"大家闺秀",注重文静贤淑,笑不启齿,参加体育活动是绝对不允许的;中等以下人家的女孩,则多从小为童养媳,年纪小小就开始承担各种家务,体育活动更是无从谈起。

民国后,女子学校有所发展,梅州女子体育开始萌芽。新中国成立后,实现男女平等,凡体育项目,女子均有权参加,女子体育事业得以蓬勃发展。

一、旧中国的女子体育

清末时期,梅县创办的"懿德"、"嘉善"等女子学校,除教习文学诗词、算术、常识等课程外,仍以封建的淑女规范为主要思想内容,较重视学生的女工教习,体育项目并未列入课程。

1913年,"懿德"、"崇实"两间女校合并,并改组为女子师范,为培养师资着想,开始了一些体育活动。以后,女子学校不断建立,1917年,松口女子学校又与松口公学合并,女子体育活动逐渐地开展起来。一开始,以室内体育活动为多,如乒乓球等。以后发展至室外体育活动。1932年,梅县举行小学生运动会,就已有10多个小学的男、女篮球队参加。

抗日战争爆发后,掀起了轰轰烈烈的抗日救亡运动,广大女学生抛开一切封建习俗,走上街头,宣传抗日,妇女异常活跃,女子体育运动也随之发展起来。各校女生除有自己的体育项目外,还经常开展校际间的体育活动，以增强校与校之间的友谊。有时还举行义赛，为抗日运动募捐。以后，每年均有大型体育活动。1946年11月11日至18日，梅县举行抗日战争胜利后的第一届体育运动大会。比赛项目有男、女篮球及田径等。1947年6月，梅县派女子篮球队和女子田径队参加广东省第十五届运动会，女子团体获4×50米接力赛第一名，许日军获女子甲组跳远第三名，丘瑞文获女子甲组跳高第四名。1948年梅县举行女子篮球"恩成杯"比赛，冠军是广益女中篮球队。1949年1月，梅县又举行女子篮球义赛，广益女中篮球队对梅州女子师范篮球队。

二、新中国的女子体育运动

新中国成立后，妇女地位提高，党和人民政府重视女子体育事业，不断组织各项体育活动，梅州女子体育运动蓬勃发展起来。不少女子体育健将还被选送到各级体育运动队。据统计，参加省级以上体育运动队的梅州妇女有张晶莹、李小兰、吴伟英等44人，她们均在各自的岗位上作出了一定的贡献。

1. 球类

（1）足球。梅州足球运动兴起较早，但女子足球运动是新中国成立后才兴起的。1958年，梅县松口中学、梅东中学、溪南中学首先组建女子足球队，开始女子足球训练，开梅州女子足球运动之先河。学校足球队成立后，松口郊区、石盘乡、大沙、大力农业青年妇女也先后成立女子足球队。一时间，女子足球运动在松口蓬勃开展。是年"七一"节，在松口中学运动场举行梅州地区的首次地方性女子足球赛——松口乡首届女子足球锦标赛，当时已成立的女子足球队均参加比赛。比赛结果是：松口中学女子足球队初中组第一名。此后不久，梅县县委在松南召开宣传工作会议，松口片三间学校的女子足球队在松口中学足球场为会议举行了公开表演赛。

当时我国女子足球运动尚未被广泛重视，未能被广大群众所接受，不久女子足球活动即冷落下来。1966年"文化大革命"开始，女子足球更是无人问津。

1973年3月，梅县丙村公社中、小学首先组建起学校女子足球队。随后，梅县的华侨、高级、梅州、东山、松口、联合、扶大、西阳、白宫等中学也相继建立女子足球队，至1986年，梅县共成立女子足球队43个。在此期间，兴宁市第一中学、城镇中学、兴民中学等学校也组建女子足球队，女子足球运动从此复兴。

1979年10月，梅县举行第一届女子足球比赛，参赛的有东山中学、梅州中学、高级中学、丙村中学、华侨中学等六个中学女子足球队。丙村中学女子足球队获冠军。从1981年至1986年，梅县"强民杯"举办了五届女子足球比赛。1983年，兴宁县举办首届女子足球邀请赛，有7间中学的女子足球队参加。从1983年至1986年，兴宁县城附城中学连续举行了4届女子足球比赛。

1980年5月，全国人大常务委员会委员长、中央军委副主席叶剑英元帅回梅视察。视察期间，在东山中学足球场观看了东山中学女子足球队与丙村中学女子足球队的表演赛。赛后，叶帅接见了全体运动员并与运动员一起合影留念。接见时，叶剑英说："国际上有的，我们也要有。"鼓励运动员们努力学习，刻苦训练，取得更大的成绩。

1980年2月，梅县体委成立梅县女子足球队，从全县各中、小学选拔22名经过初级训练，身体素质较好的女学生为队员，在业余体校中开设一个女子足球班，采取学习、食宿、训练"三集中"的学习训练方式，较系统地进行足球训练。1982、1983年，五华、兴宁两县分别组建女子足球队。

各县女子足球队成立后，均参加了省女子足球比赛。梅县女子足球队从1981至1983年连续3年获省女子足球赛冠军。1985年的广东省第3届女子足球比赛中，兴宁女子足球队获第三名。

1984年1月，梅县地区首届女子足球比赛在梅县市东校场举行，参加比赛的有梅县、兴宁、五华三个县的女足代表队，梅县市女子足球队获第一名。尔后组建梅县地区女子足球队，该队于是年

7月参加全国女子足球锦标赛,比赛结果名列第八。1986年梅县地区女子足球队又参加广东省第七届运动会的女子足球比赛,获第四名。

多年来,梅县地区为国家女子足球队、省女子足球队输送了一批人才。1984年,兴宁吴伟英、梅县李小兰被选为国家女子足球队队员。在1986年的"亚洲第六届女子足球锦标赛"中,吴伟英表现突出,荣获"富士最佳足球员奖"。1982年,梅县女子足球队选送11人参与组成广东女子足球队,参加全国女子足球邀请赛,获亚军。次年,这些队员均被吸收为广东省女子足球队队员,其中有6人参加了在广州举行的国际女子足球邀请赛,又获亚军。

(2)篮球。梅州女子篮球活动开始于20世纪20年代,新中国成立后女子篮球活动更得以迅速发展。各中学均建立了女子篮球队,经常开展比赛活动。

梅州举行的第一次女子篮球比赛是1949年11月,时梅县人民政府委托梅县强民体育会举办"解放杯"男、女篮球义赛。有师友中学、梅州中学、广益女中、乐育中学等学校的女子篮球队参赛,广益女中篮球队获得了冠军。

1953年3月,组建"粤东区女子篮球队",梅县的张珍美等8人被吸收为队员(占全体队员的80%),参加广东省篮球选拔赛,获亚军。后,张珍美、王秀思等5人被广东省篮球队吸收为队员。

20世纪50年代,梅州地区女子篮球运动很活跃,比赛频繁,技术水平不断提高。1960年,兴宁女子篮球队成立。队员安排到工厂当工人,实行半天工作、半天训练的制度。是年,梅县、兴宁两个女子篮球队一起参加了汕头专区男、女篮球选拔赛。1963年,兴宁女子篮球队参加在惠州举行的广东省职工女子篮球赛并获亚军。从1963年至1985年,兴宁女子篮球队先后参赛23次,12次获第一名。

20世纪六七十年代,女子篮球活动在农村普及。1963年冬,梅县地区举行女子农民篮球赛,梅县程江女子篮球队喜夺冠军。1975年,兴宁举行农民篮球比赛,有13个女子篮球队参加。

学校女教职员工、机关女工作人员及企事业单位的女职工的篮球活动也很活跃,经常举行友谊赛。每逢春节,各基层政府也组织男、女篮球比赛。

女子篮球活动,最为活跃的是各中小学,不仅每周体育课组织训练,还经常利用节假日时间集中训练。各类体育组织和学校学生运动会很多,大都有篮球比赛这一项目。梅州地区也于1959年、1973年、1976年、1980年、1981年、1985年先后组织了少年(中学生)篮球赛。各县、社组织的比赛更多,这些比赛,女学生均有参加。

(3)羽毛球。梅州的羽毛球活动,20世纪50年代初开始于梅城,以后逐步得到发展和普及。1958年,梅县组队训练羽毛球,女子丘惠珍、梁生云即参加训练,次年10月参加汕头专区第一届运动会,她俩获女子双打第三名,梁生云获女子单打第四名,梁生云与梁祥友的男女双打获第一名,丘惠珍与伍儒巨的男女混合双打获第三名,团体获第二名。

1972广东省第一届少年业余羽毛球赛在梅县体育馆举行,梅县地区委托梅县组队代表地区参加这次省少年羽毛球比赛,定编队员20人,男女各一半,谢玉芬等10名女子被吸收为队员参加比赛,比赛结果,梅县总成绩第一。因此,广东省体委把梅县作为羽毛球运动的一个重点基地,拨专款在梅县业余体校办羽毛球训练班。

1972年,蕉岭亦组建了一个羽毛球队,有8名女子参加。80年代,兴宁、丰顺等县的女子羽毛球队相继建立。

在广东省历次组织的羽毛球比赛中,梅县地区女子羽毛球队均获得较好的成绩。

多年来,梅州为各级羽毛球队输送了不少人才。谢玉芬参加广东省羽毛球队后,在我国第五届全运会上获一枚金牌。她是梅州羽毛球运动员唯一获得全运会金牌的人。同年,谢玉芬代表国家队到印度参加国际羽毛球赛,又获第三名。

80年代以后,羽毛球活动成为群众爱好的主要体育锻炼项目之一，在群众中广泛开展。

（4）乒乓球。乒乓球作为室内运动，很早就为梅州女子所接受。

梅县乒乓球运动员杨蕴萍，1960年9月被省体委授为二级运动员。平远的姚秋琴、大埔的罗素玉分别于1986年与1987年被广东省体校招收为乒乓球队专业队员。

除足球、篮球、羽毛球、乒乓球外，女子排球、手球均有一定的活动，但还不够普遍，只在一些学校、企事业单位中有活动。

2. 田径与体操类

（1）田径。田径运动为各中、小学体育课的主要训练课程，女子的田径活动，亦由小学练起。女子田径运动主要表现为参加各级组织的运动会及田径比赛，多数在青年女职工、女中学生中开展。20世纪80年代以后，各级妇女组织在"三八"节时举办群众性田径运动会，吸引了大批妇女群众参加，如长跑、拔河等成了厂、矿、企事业单位群众性的经常活动。

梅州女子田径运动开展得较好的是梅县。1951年元旦，梅县在该县人民体育场举行首届运动会，仅参加田径比赛的单位就有50个。男女运动员1500人。从1951年到1986年，梅县共举办了29次田径运动会，培养了大批田径人才。田径运动员张晶莹1957年被选到国家代表队后，在1961年的全国田径运动会上获得跳高冠军（1.71米），荣立一等功，为第一个获全国性运动会单项冠军的梅州妇女。

继梅县1951年的田径运动会后，其他各县也相继举行以田径为主的县运动会，运动会上，出现不少女子佼佼者。

1984年梅县地区伤残人体育协会成立以后，不少伤残女子积极投入体育运动，在1986年12月的广东省首届伤残人运动会上，蕉岭徐新冬一个人打破女截肢A8级跳高、跳远两项全国纪录。1987年8月，在全国伤残人运动会上，徐新冬在女截肢A8级跳高（1.25）、跳远（4.25米）二项破全国纪录，获第一名。

（2）体操、技巧。体操、技巧活动在各中、小学校较为普遍，中学校普遍设有单双杠、跳箱、平衡木、鞍马、山羊、体操垫子等近代体操器械。1984年与1985年,丰顺县业余体校、兴宁县业余体校又设立技巧班。两县体操班与技巧班的设立,为女子体操与女子技巧培训了一批人才,先后输送了徐小丽、吴微娜、葵虹等到广东体操队和技巧队。1986年,丰顺县技巧队代表梅县地区参加广东省第七届运动会技巧比赛,女子获得银牌。

20世纪80年代以后,体操又以健美操的形式出现,并迅速扩展成群众性健美活动,妇女组织举办健美培训班,广大妇女纷纷根据自己的情况,分别学习中、青、老年健美操,在家中、操场、公园等场地中做健美操锻炼身体,各部门还举行健美比赛。

第十章 历史脉络中的客家妇女

温仲和在《光绪嘉应州志·序》中这样称道客家女性:"土瘠俗勤,劳哉妇女。身兼百役,岂惟机杼。以礼自防,强暴是御,苦节幽贞,其事可叙。"客家女性不但是社会劳动的主力军,而且是社会历史发展的推动者。

第一节 历史传说中的客家妇女

1. "孺人"由来的传说

客家妇女死后,常常被称为"孺人",这个封号的由来,据说与客家妇女在宋元之间的保皇救驾有关。传说南宋末帝昺为躲避元兵的追捕,流亡到粤东地区。有一天,他被元兵追赶,眼看就要落入敌手,正值危急关头,恰好前面来了一队上山砍柴的客家妇女,她们手携柴刀,肩荷竹挑,阔步而行。元兵赶到,见前面一队女兵,从后面望去,这队女兵穿着奇异,疑是宋王朝救兵布下的疑兵阵,随即退兵,宋帝赵昺因此得救了。为了答谢这些樵妇的救命之恩,宋帝赵昺特准她们死后一律称为孺人(宋代县君封号为室人、安人、孺人;明清规定七品封孺人),以资奖勉。

1973年10月7日,英文版的《中国邮报》曾刊载了这一则传说故事,译文如下:

> 相传古时候,北边的蒙古人准备入侵中国本部,但汉人尚未迎战,蒙古人却神秘地撤退了。好奇的汉人皇帝想知个中原因,探子回报:入侵者见到几群上山采樵的客家妇女,人数众多,颇为整齐,黝黑健壮,且每人肩荷一根类似长矛的棍棒,蒙古人误以为是女兵。"他们的妇女都

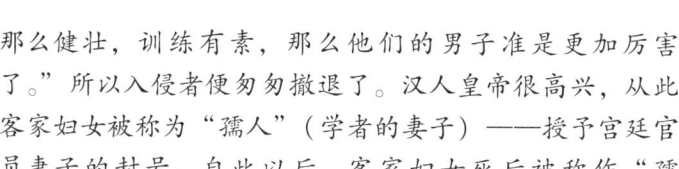

那么健壮,训练有素,那么他们的男子准是更加厉害了。"所以入侵者便匆匆撤退了。汉人皇帝很高兴,从此客家妇女被称为"孺人"(学者的妻子)——授予宫廷官员妻子的封号。自此以后,客家妇女死后被称作"孺人"。

客家妇女死后被称为"孺人"是否与这个传说有关,还有待考证,但这个慑敌救主的故事,展示了客家妇女骁勇刚健的风采。

2. 许夫人抗元斗争

历史上许夫人抗元斗争的事迹是有文字记载的。许夫人被认为是南宋末年抗元的民族英雄,其事迹在粤闽地区广为传颂。

许夫人是粤东地区历史上一位畲族女性领袖。南宋德佑元年(1275),元兵南下,临安(今杭州)失守。张世杰由海路至福建,与文天祥、陆秀夫等在福州拥立赵昰为帝(端宗),改元景炎。随即联合汉、畲义民继续抗元斗争。

景炎元年(1276),泉州提举市舶使蒲寿庚降元,宋帝昰流亡到潮州(当时的潮州包括今天的梅州地区),宋将张世杰招义军,抵抗元军。当时的许夫人率领各个部落的妇女,积极响应。1949年版《潮州志》记载:"许夫人倡诸峒畲妇应命。"许夫人协助张世杰,讨伐蒲寿庚。蒲闭城坚守。张世杰部将谢洪永进攻南门不克,而畲军中又有人受蒲寿庚贿赂,攻城不力,于是浦寿庚得机派人出城向元将索多救援。索多兵至,张世杰遂退兵南澳浅湾。元兵随之进攻浅湾,许夫人又领兵从海上赶往援救,于百丈埔遭遇元兵,浴血奋战而死。后人为了纪念她,曾建祠祀奉。明代提学道(省学道)魏校以许夫人不配祀典为由,遂毁其祠。但今天粤东潮州、大埔、闽南民间,仍盛行许夫人信仰,并建庙奉祀,这表达了社会底层民众对这位女英雄的崇敬之情。

3. 大埔县桃源镇敛头埔的故事

在粤东梅州民间,流传着许多不知名的女性与反动势力作斗争的故事。如大埔桃源镇敛头埔的传说便是其中之一。

敛头埔是一个小地名,位于桃源镇塘尾。据说明万历年间,当

时的桃源镇属于"官山"范围,即每年只要交纳一定的田租即可。后来税收由外地权势人物包揽操纵。这些人逐年增加,无论年景丰歉,照数收租,以致民不聊生。迫使当地乡民诉讼到官府。因官府腐败,与豪强勾结,反诬乡民抗税,以致诉讼者反被捕入狱,并仍令收租谷。当地妇女把租谷挑至河口(今高陂)装船运走。官府与收租者又反诬妇女在搬谷上船时,卷起裤脚,显露了大腿,有伤风化。这些妇女们义愤填膺,于是再次准备上诉。为筹措上诉经费,妇女们集中在今桃源塘尾一空阔的地上集中,捐头饰进行典当,支持上诉。后来,这块阔地被称作为敛头埔,至今犹存。①

4. 长潭樵女反禁歌

粤东蕉岭县长潭,是一个风景优美地方,也是一个山歌之乡。到此采樵的妇女,喜欢在此唱山歌,但唱山歌的行为常常遭到传统势力的反对。在深受儒家礼教影响的士大夫眼中,妇女在外抛头露面唱山歌是"有伤风化"的行为,况且传统山歌多为情歌。

传说清朝乾隆年间,镇平县(今蕉岭县)有一位靠钱买取副榜功名出身的县令,出告示严禁村民在长潭唱山歌。长潭割采樵的妇女见了告示后,随即唱出以下几首山歌:

法律不良官吏苛,县官出来禁山歌;长潭山歌禁得绝,副榜老爷唔成科。

副榜算来唔成科,狐狸唔知尾下臊;妹也唔系风流女,因为愁切唱山歌。

县官告示确系严,多言就话妹长谈;耳公出气系闲管,白布落缸想贪婪(谐蓝)。

歌中那句"因为愁切唱山歌",道出了樵妇们唱山歌的真正目的,绝非贪风流,伤风化。这些山歌,与副榜老爷针锋相对,以致县令反被羞辱,只好作罢。

---

① 郭国兰:《旧作摭拾》,载《桃源古今文萃》,香港:中国评论学术出版社,2005年。

第二节 太平天国运动中的客家妇女

轰轰烈烈的太平天国运动,留下许多客家妇女身影。金田起义时,拜上帝会的信众全家老幼男女携带家眷财产加入太平天国,大多属于两广籍的随军妇女。随家加入太平军的广大妇女也同男子一样组织了以女性为主的军队,称为女军①,而且还成立了女营,设立了女将。据学者研究,太平天国女军的规模和编制大致是:分前、后、左、右、中各8军,一共40军。每军设女军帅1人,下辖卒长25人,两司马200人,每一军有2500人,连卒长、两司马,一共是2725人,女军人数总共有十万之众。② 这些参与太平天国的客家妇女均没有裹脚,故被清朝官方称为"大脚蛮婆"。如此大规模的女性参与战争,在世界战争史上是少见的。英国人吟利在《太平天国亲历记》中写道:"这个同盟不仅团结了柔弱的中国人,而且连妇女也包括在内,他们的妻女也都和他们一起并肩作战。他们被共同的希望和共同的热情所鼓舞,被伟大的宗教目的和伟大的政治目的所激励。"③

太平天国妇女在军队中与男兵一同参加一线对敌作战,与敌人面对面进行厮杀,展示了强大的战斗力。特别是在几次重大战役中,太平天国女军的表现非常突出。

在1851年1月的广西江口战役中,太平军用女兵扮着男装,壮大声势。1852年4月的永安突围战役中,洪秀全诏令全军"男将女将尽持刀,同心放胆同杀妖"。鼓励妇女和男子一样持刀勇敢杀敌。女军立了大功。1853年1月具有重大战略意义的武昌战役中,女军表现也非常突出,协助男军粉碎了清廷抢救武昌的计划。

---

① 罗尔纲:《太平天国史:第2册》北京:中华书局,1991年版。
② 廖胜:《太平天国妇女参军作战新论》,载《绵阳师范学院学报》2007年1月,第26卷第1期。
③ (英)吟利著,王维周译:《太平天国革命亲历记》(上册),上海:上海古籍出版社,1985年版。

《武昌兵燹纪略》称"粤西女贼万余。女贼尤为矫健……"①

在1853—1856年间的镇江保卫战中，更加显示了太平天国女将士们的骁勇。1853年，镇江被清军的江南大营围困，而镇守镇江的守军大半是女军将士。她们英勇善战，多次击退清军进攻，甚至连清政府官员松冬伯也被女兵打得脑浆迸流而死。两名曾经在南京生活数月的欧洲人记述镇江保卫战中的一件事情：1856年，在镇江"有一次，他们在夜间派遣出500名提灯的妇女；清军向她们开火，杀死了几位，事后才发现她们是女子"②。1855年4月的武昌保卫战中，有9位女兵为了天国事业，英勇抗敌，献出了她们宝贵的生命。后为了表达敬意，当地乡民把她们的骨骸埋葬在武昌东湖边，称为"九女墩"。

在其他许多战役中，客家妇女也都表现出了大无畏的战斗精神。一名叫谢五姊的女兵说她"在道州打仗，小的砍伤二人……打劫江华县城，小的砍伤二人"③。在天京保卫战中，"守省城者多妇女，披头散发，身穿男衣，在城楼击鼓喊叫，摇旗行走窥视"④。在绍兴地区攻打包村的战役中，"妇女也参加战斗，枫桥梁阿善嫂就是其中的一个，她骑着高头大马，手持红缨枪，来往厮杀，十分英勇"⑤。

除了在战场上表现抢眼外，客家妇女在太平天国中还充当其他角色。如充当"牌刀手"，即保卫太平天国诸王、侯、相安全的侍卫部队；充当侦察员，打探敌情和传送军事情报；担负部队物资补给运输和生产劳动等后勤工作。

---

① 中国史学会编《太平天国》（第4册）中国近代史资料丛刊第二种，上海：神州国光出版社，1952年版。

② 见罗尔纲、王庆成《太平天国》（第9册），中国近代史资料丛刊续编，桂林：广西师范大学出版社，2004年版。

③ 谢五姊供、罗尔纲、王庆成：《太平天国》（第3册），中国近代史资料丛刊续编，桂林：广西师范大学出版社，2004。

④ 向荣奏稿：《中国史学会编 太平天国》（第3册）中国近代史料丛刊续编，桂林：广西师范大学出版社，2004。

⑤ 杭州师院，有关太平天国革命活动调查访问录。

　　以上文献资料从一个侧面反映了客家妇女在太平天国的战斗中所表现出的能力丝毫不逊于男子,对太平天国的发展和胜利进军作出了巨大的贡献。

第十章　历史脉络中的客家妇女

附录　客家情歌选录

客家山歌中数量最多、最精彩的是爱情山歌，即客家情歌。客家情歌是客家山歌中的精华，是劳动人民的伟大创造。这个享有盛誉的民间艺术品种，在广东、福建、江西以及湖南、四川、广西等地广泛流传。客家情歌中深沉的情思、大胆的披露、热烈的追求、美好的想望，这一切都以劳动者的本色相见，毫无虚饰与矫情，透视出客家人热情、开朗、豪放、刚毅、直率、诚挚的性格特征。而浓烈的乡土气息、鲜艳的山区色彩和娴熟的比兴手段，则构成了客家情歌突出的艺术特色。

客家妇女与客家情歌的关系密不可分。有道是："客家山歌最出名，条条山歌有妹名。条条山歌有妹份，一条么妹唱唔成。"离开了客家妇女，也就没有所谓客家情歌了。以下选取在梅州地区长久广泛流传、富有传统特色、饱含乡土气息的部分客家情歌摘录如下。

一、赞美、爱慕情歌

妹哩生得笑吟吟，一讲一笑值千金。
妹哩姻缘么①郎份，灯盏么油火烧心。

妹哩生得笑眯眯，颜容相似杨贵妃。
竹笋拿来签豆哩②，一条嫩笋缠到尾。

---

① 么：无，没有。
② 签豆哩：做竹竿。

妹哩生得系苗条，河唇洗衫用棒敲。
十指尖尖如竹笋，害𠊎①停桨又停篙。

细妹生得系斯文，害𠊎企等看到晕。
害𠊎食茶食到酒，害𠊎食饭唔②晓吞。

阿哥好比蝴蝶形，一时么花会脱神。
阿妹好比狗爪豆③，唔曾浸净会晕人④。

阿妹生得系斯文，好比天上五色云。
四两胡椒吞落肚，毒人唔死都会晕。

石头柬硬打得开，打开石头烧石灰。
郎系石灰妹系水，石灰见水心花开。

听讲妹子人大方，久闻妹子情义长。
铁树开花难得见，露水泡茶难得尝。

天下乌云堆打堆，若无北风吹唔开。
阿妹好比细茶样，无郎滚水冲唔开。

柑子种哩柚子来，因为团圆做一堆。
亲哥爱像蝴蝶样，因为花香跟风来。

阿哥阿妹共下坐，手拿桂枝来贴坐。
桂树打个桂花子，贵妹来连贵阿哥。

鸭子细细会下塘，胡椒细细辣过姜。
鱼子细细会浮水，妹子细细会连⑤郎。

妹子好比日头形，紧⑥出紧高紧热人。

---

① 𠊎：我。
② 唔：不。
③ 狗爪豆：山区豆类，形似狗爪，肉有毒，需浸净后才能煮食。
④ 晕人：头晕，即迷恋之意。
⑤ 连：恋。
⑥ 紧：越。

出到半天无云遮,阿妹唔怕热死人。

广东葵扇圆叮当,草纸扇子两面黄。
阿妹好比扇子样,到哩郎手心就凉。

隔夜煮茶茶甘凉,隔村恋妹情甘长。
妹子好比桂花样,一阵吹来一阵香。

月光肚里一朵云,紧看阿妹紧斯文。
十回看了昏九摆①,除了睡目唔曾昏。

河里无水起沙墩,阿哥人才盖一村。
芋荷腌生送烧酒,妹虽老师也会魂②。

好酒唔使紧斟来,斟到一杯香满台。
好妹唔使郎搭信,三日过哩厓会来。

新做花鞋绣海棠,娇莲③着紧过排场。
远看相似嫦娥女,近看相似新美娘。

句句讲来动厓心,赤脚过河知浅深。
妹个容颜天下少,花针落海系难寻。

四月落雨么日晴,新作田塍④唔敢行。
麻竹造桥唔敢过,厓今想妹唔敢声。

共井食水各条坑,朝见暮见心会生。
这只心肝连唔到,这条大路妹唔行。

好牛食草唔使牵,好马赶路唔使鞭。
好石磨刀唔使水,好妹恋郎唔使钱。

---

① 昏九摆:迷九次。
② 魂:着迷。
③ 娇莲:意中人。
④ 田塍:田间的土埂。

新买遮子①臭桐油，遮顶有水难得留。
求神难得圣诰②转，贤惠老妹难得求。

妹哩生得系斯文，好比天上五色云。
五色祥云盖天下，妹哩斯文盖一村。

妹哩生得嫩葱葱，唔曾食酒面绯红。
牙齿好比高山雪，咀唇③相似石榴红。

妹哩标致观音身，你话无情又有情。
斜眼看人唔开口，乌云映日热死人。

松口行上嘉应州，织尽黄麻唔当苎④。
城里妹子名声好，唔当乡下大细姑⑤。

听到阿妹唱山歌，娇声穿过五里坡。
凤凰听到唔肯走，牛郎听到渡银河。

阿哥才貌难得有，日里想念夜相思。
可惜阿妹胆子小，未曾开口又怕羞。

李子好吃粒粒圆，的惜⑥阿妹多人连。
若系被俚连呀倒，前世同你有姻缘。

南口行下系州城，久闻妹子出哩名。
虽然唔曾坐嬲⑦过，风吹竹壳俚听声。

好久唔曾到罗岗，久闻罗岗好嬲场。
半街种条桂花树，大风吹来满街香。

---

① 遮子：雨伞。
② 圣诰：求神问卜的一种阴阳诰。
③ 咀唇：嘴唇。
④ 苎：麻的一种，可以纺纱和织夏布。
⑤ 大细姑：大姑娘。
⑥ 的惜：美丽小巧。
⑦ 嬲：谈情说爱。

吃茶爱吃高山茶,连妹爱连斯文侪①。
斯文妹哩连呀到,当过洋参炖鸭麻。

隔河看妹看唔真,心想过河水又深。
想变老鹰么翼拍②,想变鲤鱼又么鳞。

上岗唔得过横排,跌得扇子跌草鞋。
跌得草鞋还过得,跌得扇子热死倕。

冬至一过天就寒,山头云烟结成团。
郎今好比炉火样,一过身边就温暖。

交个人情确很难,好比鲤鱼上急滩。
阿妹好比月中桂,看就容易砍就难。

阿妹生得笑眯眯,好比笋子出泥皮。
郎今好比竹壳样,自细包妹到春尾。

阿哥生得十分靓,恰似园中萝卜青。
看你落头白又嫩,慢慢育大畀③妹邦④。

阿哥生来系精神,眼角尖尖会割人。
昨日畀佢⑤割一下,手脚酸软到如今。

二、相识、初恋情歌

白糖好食潮州来,泉水好饮石缝来。
哥系白糖妹系水,若系有情结缘来。

十八老妹嘀嘀亲,浑水过河不知深。

---

① 侪:同辈。
② 翼拍:翅膀。
③ 畀:音"比",给的意思。
④ 邦:拔。
⑤ 畀佢:给他。

丢个石子试深浅,唱支山歌试妹心。

有针么线样般连,有琴无弦样般弹。
麻布洗面初相识,两人开口难对难。

阿哥人情也系有,无奈阿妹唔敢求。
阿妹年轻唔经验,唔田讲话先怕羞。

碟子种花园①分浅,扁柴烧火炭②难圆。
哑哩食着单只筷,心想成双口难开。

因为么米割青禾,因为么船才落河。
妹子也还么双对,阿哥唔曾讨老婆。

门前桐树开白花,大风吹落满地下。
你系有情先开口,莫作杨梅暗开花。

一树柑子半树黄,妹系想食摘去尝。
柑子剥皮会分孔③,俚今同妹各村庄。

水急钓鱼难上钩,顺水行船难转头。
三寸绫罗做顶帐,叫郎样般来去投。

重炮将军系么棋,马生骡子系狪骡。
只有貂蝉弄董卓,哪有董卓去强你。

石榴打花慢慢开,连妹唔到慢慢来。
好比鹞婆④吊鸡子,今摆唔倒下摆来。

今日同你共下坐,转去屋家话莫多。
转去莫讲出脚话,船撞石头会穿波。

初一落雨初二晴,初三落雨浸禾坪。

---

① 园:谐音缘。
② 炭:谐音叹。
③ 分孔:分瓣。
④ 鹞婆:老鹰。

拿张脚头①奔妹使,开条大路奔哥行。

隔远听到山歌声,腔板又好声又靓。
手沾花边②石上跌,听呀声音有八成。

哥爱莲花快上前,哥爱连妹莫迟延。
世上只有船兼岸,唔曾看过岸兼船。

当天烧纸拜天神,妹系敢恋郎敢承。
妹系放心郎放胆,同心夹胆怕漫人。

妹在这边哥那边,隔条大河唔得前。
灯心拿来架桥过,妹系敢过哥敢连。

哥在这岗妹那岗,隔条山路唔得上。
拿到锄头来开路,哥系敢来妹敢当。

唔相唔识共排坐,跟讲起来话就多。
门前种条拦路竹,谅来今番倒③过多。

李子打花相似梅,大风吹到面前来。
平时似觉都见过,一时之间想唔来。

哥爱采花入花园,哥爱恋妹早开言。
世上只有藤缠树,唔曾听过树缠藤。

南门行出三条河,俇唱山歌妹来和。
对得俇赢饮杯酒,对俇唔赢做老婆。

猪肉好食难踏糠,妹子无郎家难当。
妹子若系有情义,同郎结伴会春光。

风吹竹叶响嗬嗬,昨晡④搭信搭到么?

---

① 脚头:锄头。
② 花边:银元。
③ 倒:客家话倒竹就是砍竹之意,此为到手的意思。
④ 昨晡:昨天下午。

葵花有心来向日，问妹有心向郎么？

妹子约郎同赴墟，唔怕旁人讲是非。
今下就作两亲戚，日后就系两夫妻。

双扇门板两面开，两人都系有爷娘。
做尽家务想相好，来得之时就会来。

连妹唔到身颠簸，巷头巷角坐得多。
蚊叮蚊咬吾敢打，咬紧牙关用手摸。

一树杨梅半树红，你做男人胆要雄。
只有男人先开口，女人开口脸会红。

深山大树好遮荫，只听山歌唔见人。
妹若有情应一句，省得阿哥满岭寻。

麻竹搭桥肚里空，两人交情莫透风。
燕子衔泥口要紧，蜘蛛结网在肚中。

过了一坑又一坑，山中无虎妹莫惊。
两人有情心甘愿，甘愿唔用媒人行。

五月五日看龙船，两岸游人喜欢欢。
嘱郎相见莫相问，莫来事情人看穿。

阿哥么怨妹么心，上邻下舍眼针针①。
灯草拿来做门板，一出一入爱关心。

瓮菜好食节节空，同你交情莫漏风。
燕子含泥咀爱稳，蜘蛛结网在肚中。

竹头生笋节节高，节节也有竹壳包。
你爱包来包到底，切莫包到半中央。

葵扇好拨合唔秋，程乡改为嘉应州。

---

① 眼针针：眼睛盯着看。

阿哥姻缘有妹份,这个人情唔好丢。

阿哥讲话爱细声,惊怕隔壁有人听。
城隍庙里开歌店,虽然么鬼得人惊。

番豆①好食泥里生,泥里生根泥里行。
显面开花暗结果,云遮月光暗中行。

日日落雨么天晴,新筑塘头唔敢行。
新打剪刀难开口,新学连妹唔敢声。

麻竹架桥肚里空,两人相好莫露风。
燕子含泥咀要稳,蜘蛛牵丝在肚中。

戴哩笠麻莫擎伞,恋哩一侪就一侪。
一壶难装两样酒,一树难开两样花。

吃得夜饭行到今,加快脚步唔曾停。
手摇棉车圈圈转,上下因为这条情。

挑担爱挑竹担竿,中心挑等两头软。
今番阿妹初相识,另番到转来交官②。

上陂流水下陂汶,看见鲤鱼群打群。
阿哥相似鱼藤样,毒鱼唔死鱼也晕。

米筛筛米谷在心,嘱妹恋郎爱真心。
莫学米筛千只眼,要学花烛一条心。

三、热恋情歌

入山看见藤缠树,出山即见树缠藤。
树死藤生缠到死,藤死树生死也缠。

---

① 番豆:花生。
② 交官:交谈,聊天。

生爱缠来死爱缠，生死都在郎身边。
哥系死了变大树，妹变葛藤又来缠。

阿妹好比月光光，星星紧跟月光光。
阿哥好比星星样，夜夜陪郎到天光。

新做竹笠圆叮当，竹笠流水妹留郎。
竹笠流水点点滴，妹子留郎到天光。

妹子送条花毛巾，朝晨洗面夜洗身。
毛巾肚里七个字，永久千秋唔断情。

新打戒指九连环，一个连环交九年。
九九还归八十一，还爱相交十九年。

日头落山过哩岗，鸭嫲①煲汤透心凉。
鸭嫲难舍塘中水，妹子难舍有情郎。

河里船多就碍溪，同了别人莫同偲。
三条火船共条缆，唔系断他就断偲。

麻花手镯纽丝缠，缠了一层又一层。
妹子好比雪豆样，叶黄根死心也缠。

生爱连来死爱连，生死都在妹面前。
阿妹死了变绸缎，哥变针线又来连。

生爱连来死爱连，两人相好一百年。
哪人九十七岁命，奈何桥上等三年。

天上红云配白云，地下狮子配麒麟。
高山苏茅配青草，阿妹愿配有情人。

你爱连来讲过来，爱学山伯祝英台。
在生两人同枕睡，死哩两人共棺材。

---

① 嫲：雌性。

新做书桌钉铜钉,死同死来生同生。
生时两人共枕睡,死里两人共金罂①。
还生同你共枕睡,死哩两人共墓堆。
周年百日共碗酒,香烛纸宝唔使分。
彩云一出天就光,好花一开满园香。
六月天时热过火,阿妹一来心就凉。
唔怕死来唔怕生,唔怕别人斩脚跟。
斩了脚跟留脚趾,两人有命总爱行。
赤脚过河唔怕沙,有心相爱怕哪侪。
唔怕恶蛇来拦路,唔怕老虎来开牙。
想妹想得心尽焦,脚踏门框手叉腰。
眼泪好比珠断线,汗巾擦湿好几条。
敢拆庵堂唔怕神,敢连妹子怕哪人。
阿哥好比诸葛亮,唔怕曹操百万兵。
敢连阿妹胆就雄,阿哥好比赵子龙。
百万军中救阿斗,万人头上逞英雄。
两人相好出了名,天大事情唔使惊。
吊颈都爱共条树,生埋也爱共条坑。
大伯阿叔莫留侄,良田万顷也是泥。
百万家财借手过,总爱床下两双鞋。
榄树打花花揽花,哥在榄上妹榄下。
牵起衫尾等郎揽,等郎一揽就回家。
郎心甘来妹心甘,情愿同郎睡苫棚。
情愿同郎喝粥水,情愿同郎食糖羹。

---

① 金罂:装人骨骸的陶罐。

埃担秧子①来莳田，路上逢到嫩娇莲。
手牵娇莲来去转，自愿荒去这坵田。

郎今同妹呐呐亲②，枕上言语句句真。
灯草拿在壁上挽，时时刻刻佢在心。

新做风车搞谷尘，打生打死妹真承。
家法森严佢唔讲，膝头跪烂莫断情。

脚踏板凳手攀墙，两眼睁睁望情郎。
昨日为郎挨了打，情愿挨打不丢郎。

花生好食甜又香，打生打死因为郎。
前门追到后门转，目汁③抹干又顾郎。

石上种竹石下阴，海底种树万丈深。
八仙桌上放灯盏，只有添油唔换心。

黄糖白糖也是糖，妹子连哥莫大长。
半月十日觑一次，恰似鲜水骤鱼塘。

郎系剪布妹也裁，郎系读书妹绣鞋。
俩人讲起恋中事，郎会丢书妹丢鞋。

棉纱和苎系合情，敢来连妹畏谁人。
三餐烧火佢起灶，铁打观音系硬神。

妹子敢做也敢当，唔怕利刀白过霜。
刀子架紧刀下过，一朝有命总爱郎。

觑哩一晡想两晡，三晡一过热啾啾④。
心肝割脱席下放，一时唔见命都收。

---

① 秧子：秧苗。
② 呐呐亲：形容十分亲密。
③ 目汁：眼泪。
④ 热啾啾：即热恋。

布惊结子开蓝花，莳尽了田转妹家。
听到阿哥么衫着①，三更半夜就浆纱。

有情阿哥答答亲，恋哩阿哥恋哪人？
一只阿哥够偓缅②，哪里有心缅别人。

蚕豆开花开半边，菜子开花朵朵圆。
有心连郎连到老，不学阳雀叫半天。

嫁郎爱嫁耕田郎，耕田阿哥情过长。
早出晚归同劳动，恰似湖中好鸳鸯。

新买豆腐层压层，新剁肉圆圆对圆。
阿哥二十妹十八，老酒炖鸡狠对狠。

你作田塍用脚锄，偓作田塍用手摸。
你同阿哥用糕饼，偓同阿哥用山歌。

中哩呀意偓唔嫌，三十偓话二十零。
苦瓜腌生来出桌，人家喊苦偓喊甜。

耕田爱耕大圻麻，一节辘轴一节耙。
一节粘谷一节糯，爱挤爱扳偓俩侪。

松口行上九口塘，久闻阿妹九里香。
九妹同郎久相好，两人久久情义长。

四、离别情歌

恩爱夫妻共一床，半夜辞别去南洋。
五更分手情难舍，目汁双双泪两行。

阿哥过番就离家，丢开妻子一枝花。

---

① 么衫着：没衣服穿。
② 缅：想。

灯草跌落涌水角,这条心事放唔下。

急水滩头洗被单,洗净被单郎过番。
番邦①赚钱番邦使,偃妹打单在唐山②。

阿哥出门去过番,阿妹赶到汕头拦。
番邦赚钱番邦使,去就容易转就难。

因为郎走拜观音,保佑偃郎赚万金。
三年两载走呀转,花边满匣妹开心。

三圳行下鱼子湖,妹也唔使再三留。
舍时真系舍唔得,无奈唐山极难图。

送哥送到丙村墟,暗暗伸手牵郎衣。
低言细语同郎讲,三年两载你爱归。

松口行下蓬辣滩,大家同伴来过番。
赌博爱学姚得胜③,发财爱学张榕轩。

送哥送到蓬辣滩,险滩行船系艰难。
石角尖尖水又急,几多挂念妹心间。

唱条山歌去过番,番片阿哥开银山。
番片赚钱唐山使,银钱相似水样翻。

阿哥出门过四川,赣州搭船到吉安。
百万家财偃舍得,十分难舍嫩心肝。

妹送阿哥到三河,十分难舍嫩亲哥。
若问妹哩心头苦,泪花却比浪花多。

妹送亲哥到府城,湘子桥下得人惊。

---

① 番邦:指南洋。
② 唐山:泛指中国。
③ 姚得胜:广东平远人,曾经靠赌博赚钱,后发展矿业,成为马来西亚富翁。张榕轩:广东梅县人,印尼富翁。

又有关官恶过鬼,吓得满船面颊青。

妹送亲哥上火船,汽笛一响割心肝。
下番系有水客转,搭银搭信报平安。

郎在番片好风光,妹在唐山好凄凉。
踏入间门无双对,寒酸日子拿偓当①。

潮州搭船到汕头,住在旅店二层楼。
一想贤妻刀割肉,日添忧虑夜添愁。

汕头出海七洲洋,七日七夜水茫茫。
行船三日唔食饭,记妹言语当干粮。

阿哥出门去外洋,郎就孤凄妹凄凉。
赤水黄沙家门远,望妹唔到痛心肠。

阿哥出门去暹罗②,唔知近日到哩么?
妹哩在家担心大,一时四刻愁切多。

亲哥过番两分离,拆散鸳鸯真苦凄。
有话无人来对讲,几多愁切无人知。

亲哥走后守空房,哭哩一场又一场。
叔婆伯姆来相劝,伤心愁激泪两行。

紧想亲哥心紧愁,朝朝起床懒梳头。
三餐茶饭无滋味,样般前世柬无修。

日里想郎各一天,夜里梦郎在身边。
醒眼唔见亲郎面,心肝脱撇几多层。

郎似杨花满天飞,同郎分手牵郎衣。
山高水绿郎在远,只见郎从梦里归。

---

① 拿偓当:给我受。
② 暹罗:现今泰国的古称。

上梁燕子对对飞,朝晨同出夜同归。
阿哥出门么信转,眼泪流尽自家知。

阿哥走哩妹就愁,三朝七日唔梳头。
听倒阿哥写信转,髻尾梳到粘肩头。

催人出屋鸡乱啼,送人离别水东西。
挽水西流想么法,从今不养五更鸡。

松口行上嘉应州,一条河水急啾啾。
两条丝绒打死结,人情难舍又难丢。

七星紧高月紧低,露水茫茫鸡乱啼。
双手开门送郎走,嘱郎细看路高低。

送郎送到五里亭,亭中都系送行人。
阉鸡遇到结猪客①,痛肠又遇隔肠人。

两人分手大路边,行么两步垒上前。
掀起衫尾拭目汁,恋妹容易离妹难。

送郎一亭又一亭,嘱郎行路爱洗身。
洗身爱洗烧热水,莫把冷水洗坏身。

送妹送到牛角塘,算来路长还甘长。
翻转来看妹脚迹,目汁留到衫袖张②。

河水大哩河勘③崩,妹子归里无处跟。
妹子归里无处问,朝看日头夜看星。

送哥送到大路边,一条红线两人牵。
嘱咐倨郎莫顾虑,等到另日再团圆。

---

① 结猪客:阉猪师傅。
② 张:藏。
③ 河勘:河堤。

参 考 文 献

[1] 丁世良. 中国地方志民俗资料汇编：华北卷. 北京：书目文献出版社，1989.
[2] 丁世良. 中国地方志民俗资料汇编：西北卷. 北京：书目文献出版社，1989.
[3] 门岿. 中国历代文献精粹大典. 北京：学苑出版社，1989.
[4] 王东. 客家学导论. 上海：上海人民出版社，1996.
[5] 江林. 冥婚考述. 湖南大学学报，2000.
[6] 汪毅夫. 闽台冥婚旧俗之研究. 台湾研究集刊，2007（3）.
[7] 刘佐泉. 客家历史与传统文化. 郑州：河南大学出版社，1991.
[8] 刘善群. 客家礼俗. 福州：福建教育出版社，1995.
[9] 庄锡昌. 多维视野中的文化理论. 杭州：浙江人民出版社，1987.
[10] 劳格文. 客家传统社会丛书. 国际客家学会，香港中文大学，法国远东学院，1995—2005.
[11] 陈支平. 客家源流新探. 南宁：广西教育出版社，1996.
[12] 肖文评. 宗族支柱由科举到商业贸易的转移. 江西师范大学硕士论文，1993.
[13] 张应斌. 黄遵宪的客家民俗研究. 民俗研究，2000（2）.
[14] 宋文桃. 魏晋至唐五代冥婚小说研究：兼论中国古代小说文体的独立. 暨南大学硕士论文，2003.
[15] 宋和. 从冥婚的习俗来看中国人的祖先、神、鬼的观念∥人类与文化. 台北：台湾大学考古人类学系，1976.
[16] 李亦园. 从若干仪式行为看中国国民性的一面∥李亦园，杨国枢. 中国人的性格. 台北："中央研究院"民族学研究所，1974.
[17] 李泳集. 性别与文化：客家妇女研究的新视野. 广州：广东人民出版社，1996.
[18] 李根水，罗华荣. 宁化客家民俗. 北京：中国华侨出版社，2000.
[19] 李来章，黄志辉. 连阳八排风土纪∥约束：卷七. 广州：中山大学出版社，1990.
[20] 李寿燊. 山歌野谭. 北京：文化艺术出版社，2002.

[21] 朱正义. 林开甲译注. 礼记选译. 成都：巴蜀书社，1990.
[22] 陈祥水. 公妈牌的祭祀. "中央研究院"民族学刊，1975.
[23] 陈祥水. "嫁给自己的姊妹"：台湾冥婚的研究. 致房学嘉未刊稿，2008.
[24] 陈瑛珣. 明清契约文书中的妇女经济活动. 台北：台明文化，2001.
[25] 陈嵩杰. 森美兰州华人史话. 吉隆坡：大将出版社，2003.
[26] 陈弦章. 客家妇女与地位与作用之成因浅析. 龙岩师专学报，2004（4）.
[27] 陈运栋. 客家人. 台北：台湾联亚出版社，1978.
[28] 阮昌锐. 台湾的冥婚与过房之原始意义及其社会功能. "中央研究院"民族学研究所集刊，1973.
[29] 吴瀛涛. 台湾民俗. 台北：众文图书公司，1987.
[30] 吴同瑞，王文宝. 中国俗文学概论. 北京：北京大学出版社，1997.
[31] 罗英祥. 客家情歌精选录. 香港：天马图书有限公司，1999.
[32] 罗蔼其. 《化碧集》题词.
[33] 罗香林. 客家源流考. 北京：中国华侨出版社，1989.
[34] 罗香林. 客家研究导论. 台北：台湾南天书局，1992.
[35] 罗香林. 客家史料汇篇. 台北：台湾南天书局，1992.
[36] 房学嘉. 粤东客家生态与民俗研究. 广州：华南理工大学出版社，2008.
[37] 房学嘉. 客家民俗. 广州：华南理工大学出版社，2006.
[38] 房学嘉. 客家源流探奥. 广州：广东高等教育出版社，1994.
[39] 房学嘉. 粤东古镇松口的社会变迁. 广州：花城出版社，2002.
[40] 房学嘉. 围不住的围龙屋：记一个客家宗族的复生（与谢剑合著）. 台湾：南华大学，1999.
[41] 房学嘉. 从高屏六堆民居看客家文化的变迁：以围龙屋建构为重点分析. 台湾研究集刊，2004.
[42] 房学嘉. 从两岸民间信仰特征看客家人对北台湾开发的贡献. 台湾大学"客家人与北台湾垦拓史"学术研讨会论文，2002.
[43] 房学嘉. 刍议明清传统礼制与地方化礼制的互动. 台湾大学"东亚客家文化圈中的儒学与教育：比较的视野"研讨会论文，2003.
[44] 房学嘉等. 客家文化导论. 广州：花城出版社，2002.
[45] 房学嘉. 关于女性在传统社会中地位的思考——以梅县客家妇女为例.

妇女研究论丛，2004（4）．

［46］胡希张，余耀南．客家山歌知识大全．广州：花城出版社，1993．

［47］胡希张，莫日芬．客家风华．广州：广东人民出版社，1997．

［48］张佑周．一双"解放"足，一把心酸泪：也谈客家妇女的"天足习俗"．龙岩师专学报，2003（10）．

［49］张肯堂．河婆风土志．吉隆坡：河婆会馆，1976．

［50］张泉清．五华县华城镇湖田村张氏宗族与神明崇拜//房学嘉主编梅州河源地区的村落文化，1997．

［51］张庆长．黎岐纪闻．小方壶斋舆地丛钞第九帙．

［52］屈大均．广东新语．北京：中华书局，1985．

［53］林清水．粤东蕉岭县新铺镇上南村民俗调查//房学嘉．梅州地区的庙会与宗族．香港：香港中文大学等，1996．

［54］赵桐茂，等．中国人免疫球蛋白同种异型的研究：中华民族起源的一个假说．遗传学报，1991，18（2）．

［55］潮梅松（马头岗）梁姓渊源续修编会．梁姓渊源．潮州：潮梅松（马头岗）梁姓渊源续修编会，1997．

［56］谭其骧．湖南人由来考//长水集上．北京：人民出版社，1987．

［57］徐旭曾．丰湖杂记．原载和平徐氏族谱．转自罗香林客家史料汇篇．

［58］葛剑雄，吴松弟，曹树基．中国移民史．福州：福建人民出版社，1997．

［59］黄晓云．从客家山歌看客家妇女的精神个性．江西社会科学，2004（11）．

［60］黄景春．论我国冥婚的历史、现状及根源．中国民俗网，2008．

［61］黄石．冥婚//高洪兴编、黄石民俗学论文集．上海：上海文艺出版社，1999．

［62］黄遵宪．李母钟太安人百龄寿序//嘉应学院黄遵宪民选编：黄遵宪研究资料选编．香港：香港天马图书有限公司，2002．

［63］黄火兴．梅水风光——客家民间文学精选集．梅州：广东嘉应音像出版社，2005．

［64］惠西成，石子．中国民俗大观：上册．台北：汉欣文化事业有限公司，1993．

［65］谢剑，郑赤琰．国际客家学研讨会论文集．香港：香港中文大学出版社，1996．

［66］谢重光．客家妇女人文性格及其历史成因．福州大学学报，2005（2）．

［67］谢重光. 客家源流新探. 福州：福建教育出版社，1995.

［68］谢重光. 客家文化与妇女生活：12—20世纪客家妇女研究. 上海：上海古籍出版社，2005.

［69］谢重光. 客家文化性质与类型新说——客家文化属于移民文化说质疑. 客家研究辑刊，2009.

［70］谢重光. 关于客家研究中运用谱志资料失误的分析. 客家研究辑刊，1998（1）-（2）.

［71］吴永章. 客家传统文化概说. 南宁：广西教育出版社，2002.

［72］钟晋兰. 客家妇女（专书章节）. 出版中.

［73］福建省客家学会. 客家杂志，2004（2）.

［74］班昭. 女戒.

［75］钟兰方，陈干华. 梅县南口民俗考察资料. 未刊稿，1999.

［76］高世瑜. 中国古代妇女生活. 北京：商务印书馆，1996.

［77］蔡达峰. 历史上的风水术. 上海：上海科技教育出版社，1994.

［78］［清］段玉裁. 说文解字注. 上海：上海人民出版社，1981.

［79］程树德撰. 论语·为政，北京：中华书局，1990.

［80］［日］滋贺秀三. 中国家族法原理. 张建国，李力译. 北京：法律出版社，2003.

［81］饶任坤，卢斯飞. 客家历史文化纵横谈. 南宁：广西教育出版社，1993.

［82］郭丹，张佑周. 客家服饰文化. 福州：福建教育出版社，1995.

［83］杨民康. 中国民歌与乡土社会. 长春：吉林教育出版社，1992.

［84］杨彦杰. 闽西客家地区的畲族：以上杭官庄蓝姓为例//房学嘉. 梅州地区的庙会与宗族. 国际客家学会，香港中文大学海外华人研究社，法国远东学院，1996.

［85］郑德华. 客家妇女研究中的几个问题. 台湾师大"全球客家地域学术研讨会"论文，2003.

［86］杨宏海，叶小华. 客家艺韵. 广州：华南理工大学出版社，2006.

［87］曾海丰，刘添元，陈志红. 梅县风采集. 梅县嘉顺彩色印刷有限公司，2004.

［88］段宝林. 中国民间文学概要. 北京：北京大学出版社，1998.

［89］周晓平，周丽芳. 从客家民间谚语谈客家女性教育. 客家研究辑刊，2005（1）.

[90] 嘉应学院客家研究所. 客家研究辑刊. (1)-(33), 1990—2009.
[91] 戴圣. 小戴礼记·表记//门岿. 中国历代文献精粹大典. 北京：学苑出版社, 1990.
[92] [日] 繁原央. 中国冥婚故事的两种类型. 民间文学论坛, 1996.
[93] [美] 姚平. 论唐代的冥婚及其形成的原因. 学术月刊, 2003.
[94] [法] 费尔南·布罗代尔. 法兰西的特性、空间的历史. 北京：商务印书馆, 1994.
[95] 梅州市委党史研究室. 廖安祥纪念文集. 梅州市委党史研究室, 1999.

[1] 缚娄古国也许就是这里. 羊城晚报, 2000-06-05（1）.
[2] 缚娄古国又添新实证. 南方日报, 2000-06-05（1）.
[3] "南蛮之地"闪耀着古文明的光辉. 羊城晚报, 2000-06-09（2）.

[1] 二十五史：第2册. 上海：上海古籍出版社, 上海书店. 1986.
[2] 广东省兴宁市政协文史委员会编. 兴宁文史第八辑、第二十六辑. 2001.
[3] 广东五华张氏源流溯考辑委员会. 五华张氏源流溯考, 铅印本. 1993.
[4] 广东省梅县委员会文史资料委员会编. 梅县文史资料第一辑、第十六辑、第十九辑、第二十四辑、第二十五辑、第二十六辑. 1982、1989、1991、1992、1993.
[5] 广东省兴宁市政协文史委员会编. 兴宁文史第四辑、第八辑、第二十六辑. 1984、1987、2001.
[6] 大埔县志（明）. 大埔县地方志办公室. 2000年.
[7] 上杭李氏大宗祠管理委员会编辑组. 李氏族谱. 福建省上杭县. 铅印本. 1995.
[8] 叶小华. 梅州风物览胜. 2004.
[9] 王之正. 乾隆嘉应州志. 乾隆十五年版. 广东省中山图书馆古籍部. 1991.
[10] [光绪] 丰顺县志.
[11] [清] 兴宁县志.
[12] [民国] 五华县志.
[13] [嘉庆] 平远县志. 民国二十三年重刊本.
[14] [五华安流] 胡氏族谱编辑委员会. 安定胡氏有通公族谱. 铅印本. 1993.

[15] 何联奎，卫惠林. 台湾风土志. 台北：中华书局. 1970.
[16] 李士淳. 三柏轩集文存：汕头版. 1933.
[17] [宋] 李昉. 太平广记：卷十九.
[18] 李士贤. 清嘉应州雁洋李氏族谱·续增传赞十一.
[19] 李秉濒. 松口李氏家谱. 手抄本.
[20] 李赞棠. 松口洋坑下大金坑李氏族谱. 手抄本.
[21] 李氏大宗祠管理委员会编辑组. 李氏族谱. 福建上杭. 1995.
[22] 佚名. 松口徐氏族谱. 复印本.
[23] 政协广东省梅州市文史资料委员会. 梅州文史第一辑. 1989.
[24] 政协丰顺县文史资料委员会. 丰顺文史. 第十辑. 1998.
[25] 政协梅州市委员会学习文史委员会. 梅州文史第一辑、第四辑、第九辑、第十三辑. 1989、1990、1995、1999.
[26] 政协丰顺县文史资料委员会. 丰顺文史第十辑. 1998.
[27] 政协大埔县委员会文史委员会. 大埔文史第十四辑. 1996.
[28] 政协平远县委员会文史资料编辑委员会. 平远文史第三辑. 1988.
[29] 程乡县志，康熙三十年版. 重印. 广东省中山图书馆"人物志/人物列传下"，1993.
[30] 梅县地方志编纂委员会. 梅县志. 广州：广东人民出版社，1994.
[31] 梅县龙塘李氏族谱.
[32] 梅州市妇联. 梅州妇女志. 1990.
[33] 梅县年鉴编纂委员会. 梅县年鉴.
[34] 梅县丙村镇志编辑部. 梅县丙村镇志. 1992.
[35] 梅州市地方志编纂委员会. 梅州市志. 广州：广东人民出版社，1999.
[36] 周礼郑注，光绪二十二年（1896）新化三味堂刊本. 福建图书馆藏.
[37] 温仲和. 光绪嘉应州志：影印版.
[38] [清] 温训. 长乐县志.
[39] 温枚. 石坑温氏族谱：铅印本. 1917.
[40] 温枚. 温氏族谱：铅印本. 1923.
[41] 黄伟经，等. 客家名人录. 广州：花城出版社，1992.
[42] 黄秉良. 梅州市马石下黄谷诒堂家谱：铅印本. 2001.
[43] 黄钊. 石窟一征. 台湾学生书局.

[1] Baker HD R Chinese Family and Kinship. New York: Columbia University Press. 1979.
[2] Freedman M. Chinese Lineage and Sociefy: Fukien and Kwangfuvg. London: The Athlone Press, 1966.
[3] Lineage Organization in Southeastern China. London : The Athlone Press, 1958.
[4] Faure D. The Structure of Chinese Rural Society: Lineage and Village in the Eastern New Territories. Hong Kong: Oxford University Press, 1986.
[5] Rossbach S. Interior Design with Feng Shui. New York: Arkana, 1987.
[6] Michel J. Feng Shui: The Science of Sacred Landscapein old China. London: Synergetic Press, 1984.
[7] Little M A, Morren G Jr. Ecology, Energetics, and Human Variability. Dubuque, Iowa: W. C. Brown, 1976.

后 记

梅州市妇女联合会为弘扬客家妇女的优良美德,激励梅州妇女为建设"四个梅州"、推动绿色崛起、实现科学发展作出更大贡献,于2008年8月委托嘉应学院客家研究院编撰一部反映客家妇女风采的书,而《客家妇女社会与文化》即是研究成果之一。

《客家妇女社会与文化》编撰的指导思想,旨在"备千秋之借鉴,为后世之致用"的目的,坚持挖掘、整合、创新的原则,着眼于大客家,立足于梅州,从政治、经济、文化、社会等领域,客观真实地、科学地记述客家妇女的历史和现状,全面反映客家妇女在梅州历史乃至中国历史发展中的地位和作用,揭示客家妇女优良传统的丰富内涵和独特魅力,以发挥"资治、存史、教化"的作用。

《客家妇女社会与文化》具有如下特点:首先是在总结前人研究的基础上,结合研究人员的田野实践积累,对于客家学女性研究这一领域来说,无论是点或是面均具有较高的概全率;所谓真实,就是力求在全面占有文献资料的基础上,结合前人的研究成果,真实客观全面地反映客家妇女的历史与现状,客观记述,据实而录。其次是在编撰过程中,无论是方法论还是学术视角上既注重强化创新意识,又注重突出时代特点和地方特色。三是注重即时性与贯时性结合,根据文化变迁理论,使阶段性的基本资料、数据能相互衔接和对应，同时又注意反映时代的发展变化。四是在写作风格上，融学术性与趣味性于一体，做到雅俗共赏。

总的来说，《客家妇女社会与文化》主要以粤东梅州地区的客家妇女材料为依托，通过吸收前人的相关研究成果，结合著者的调查、研究，以客家妇女在历史发展脉络中所"扮演的角色"为主线，从客家妇女的"全息图像"、习俗、地位、教育、人物等方面为读者呈现的一部反映客家妇女的社会生活史。

《客家妇女社会与文化》初稿由钟晋兰负责草拟写作大纲，共13章，并进行初稿分工。

第一章 绪论，由宋德剑负责。要求重点叙述上个世纪以来国内外学者、地方文史工作者对客家妇女的研究，并叙述本书编纂的指导思想在于：立足梅州，从政治、经济、文化、社会等领域客观真实地记述客家妇女的历史与现状，全面反映客家妇女在梅州历史乃至中国历史发展中的地位和作用。

第二章 客家妇女的世纪影像由钟晋兰负责。要求重点叙述外国、外族及本民系各界对客家妇女的高度评价。

第三章 客家妇女的地位由房学嘉负责。要求重点叙述客家妇女在家庭以及传统神圣空间中的地位，体现传统客家妇女的家庭地位与别的民系比有较大不同，并体现不同时代客家妇女的地位变化。

第四章 客家妇女的美德由冷剑波负责。要求重点阐述客家妇女勤劳（承担了家内与家外的所有劳动）、贤惠（相夫教子敬老）、勇敢等美德，体现客家妇女个性的独特性。

客家研究大讲坛丛书·第二辑

第五章 客家妇女与革命战争由夏远鸣负责。要求重点通过传说故事分析战乱中的客家妇女；通过文献资料分析太平天国、辛亥革命与解放战争中的客家妇女。

第六章 客家妇女与教育科技由夏远鸣负责。要求重点叙述客家妇女在教育科技方面所做的贡献，并举出此方面的优秀代表人物。

第七章 客家妇女与国家建设由夏远鸣负责。要求重点叙述客家妇女与解放运动、妇女组织、妇女参政、托育事业等，并叙述在此方面贡献突出的客家妇女。

第八章 客家妇女的婚姻生活由房学嘉负责。要求重点叙述客家妇女的婚姻形态，对童养媳婚、过番娶婚与再婚作重点叙述。

第九章 客家妇女的人生礼俗由钟晋兰负责。要求重点叙述客家妇女的产育习俗、婚姻习俗与丧葬习俗。

第十章 客家妇女与信仰习俗由宋德剑负责。要求重点叙述客家妇女信仰的神明、信仰的活动、信仰习俗反映的客家妇女的生存状态等。

第十一章 客家妇女的故事由冷剑波负责。要求重点介绍海内外在各行各业中成绩突出的客家妇女的故事。

第十二章 客家妇女与方言、歌、谣由宋德剑负责。要求重点叙述客家妇女对客家方言传承、山歌的创作、流传等方面的作用，并介绍成绩突出的女歌手。

第十三章 客家妇女特质的影响因素由宋德剑负责。要求重点叙述"蛮夷文化"、外国宗教文化、传统礼教对客家妇女行为与心理的影响。

第二、四章展现客家妇女的特色。第五、六、七、十一等章分析当代客家妇女与三、八、九、十等章传统的客

家女状况形成衔接使全书既有连续性,又有可比性,反映客家妇女在不同时代的贡献。务求在翔实资料的基础上,真实客观地反映客家妇女各方面的状况,既注重学术性,又注重趣味性,做到雅俗共赏。

初稿共约25万字,由房学嘉负责统稿。因各人写作风格与所使用资料以及观察问题的角度不同,经初步统稿,将13章分为17章,删去5万字,增补新内容5万字。新书稿仍为约25万字,由房学嘉作第二次统稿。新统的书稿各章各节并不代表原稿。2009年5月上旬由房学嘉、宋德剑共同进行第三次统稿,为使全书结构更趋合理,体系更加缜密,删去了大纲中的第六章、第十二章等,并对其他相应章节进行了调整,最终整合成10章。现与读者见面的《客家妇女社会与文化》,是编写组根据反馈意见数易其稿的内容。由于时间短,编撰人员水平所限,特别是引用文献比较繁杂,不免出现挂一漏万的现象,祈请读者批评指正。

《客家妇女社会与文化》能得以顺利完稿出版,应感谢梅州市妇女联合会丘瑞清主席与嘉应大学侯宪华副校长的重视与指导,市妇联还拨出专款保证各项工作的开展。感谢华南理工大学出版社的大力支持。

房学嘉

记于2011年冬月